저출생과의 전쟁

해외편

저출생과의 전쟁 (해외편)

2024년 11월 20일 1판 1쇄 발행

지 은 이 (사)행복한출생 든든한미래
발 행 처 (주)기독교텔레비전
주   소 서울특별시 동작구 노량진로 100(노량진동)
홈페이지 www.happyfuture.kr

I S B N 979-11-85765-35-8 (94330)
          979-11-85765-34-1 (세트)
          값 28,000원

저출생과의 전쟁

(사)행복한출생 든든한미래

해외편

행복한 출생 든든한 미래
사단법인

일러두기

이 책에서는 '저출생'이라는 중립적인 표현을 사용하자는 권고에 따라 '저출산'을 '저출생'으로 대체했다. 그러나 '출산율'과 같이 개념이 고정된 일반 명사는 그대로 사용했다.

추천사

  미리 내다보고 준비하는 사람이 있기 마련입니다. 사단법인 '행복한 출생 든든한 미래'의 감경철 이사장님이 그런 분입니다. 감 이사장님은 오늘날 대한민국이 직면한 '저출생'이라는 국가적 위기 상황을 이미 20여 년 전부터 예견해 왔고, 이를 해결하기 위해 다양한 활동을 해오셨습니다.

  2006년 '생명과 희망의 네트워크', 2010년 '출산장려국민운동본부', 2022년 '저출생대책국민운동본부', 2023년 '행복한 출생 든든한 미래'를 발족해 각종 심포지엄 및 포럼 개최, 대국민 캠페인 전개 등을 통해 국민들에게 저출생의 위기를 진작부터 알려왔고, 대안을 모색해 오셨습니다.

  저출산고령사회위원회 부위원장으로 취임한 뒤부터 저는 현장에서 감 이사장님을 자주 뵐 수 있었습니다. 오랜 세월 저출생 위기 극복을 위해 부단히 노력해 온 분이 있다는 사실에 감사했고, 미래를 내다보는 혜안과, 위기 극복을 위한 지속적인 실천이 얼마나 중요한지를 새삼 깨달았습니다.

  이번에 출판하게 된 『저출생과의 전쟁』 또한 지속적인 실천의 연장선상에 있습니다. 이 책은 저출생에 대한 국내 자료는 물론 해외 저출생 위기 극복의 사례와 대안을 집대성하여 저출생 해법에 대한 혜안과 통찰을 제시하고 있습니다. 저는 이 책이 우리 사회가 직면한 인구 문제 해결에 큰 기여를 할 것이라 확신합니다.

부디 『저출생과의 전쟁』이 우리 사회에 저출생 극복을 위한 건강한 결혼·임신·출산·양육 문화를 확산시키는 소중한 계기가 되길 바라며, 앞으로 중앙정부, 지자체 그리고 기업이 마련할 저출생 대책과 일·가정 양립 문화 확산에 귀중한 참고자료가 되기를 기대합니다.

『저출생과의 전쟁』 출판을 진심으로 축하드리며, 감 이사장님과 사단법인 '행복한 출생 든든한 미래'의 무궁한 발전을 기원합니다. 감사합니다.

저출산고령사회위원회 부위원장

주 형 환

안녕하세요. 국가교육위원회 위원장 이배용입니다.

CTS 기독교TV가 지난 20여 년간 깊은 관심을 갖고 해법을 모색해 온 저출생 문제를 종합적으로 담은 『저출생과의 전쟁』의 발간을 진심으로 축하드립니다. 이 책은 우리 사회의 가장 시급한 현안인 저출생 문제를 시의적절하게 다루고 있습니다. 국내편에서는 현재 우리나라가 직면한 저출생 문제가 어디서부터 어떻게 시작되었는지, 그리고 앞으로 초저출생 시대가 어떤 모습일지를 보여주고 있으며, 해외편에서는 저출생을 경험한 여러 국가들의 사례를 제시하고 이를 통해 우리나라가 어떻게 저출생 문제에 접근해야 할지에 대해 이야기하고 있습니다.

저출생 문제는 대한민국의 미래와 직결된 사안이라고 해도 과언이 아닙니다. 저출산 문제 해소를 위해서는 근본적 해법이 필요하며, 가장 중요한 것은 당사자인 청년들과 젊은 기혼자들의 목소리를 경청해서 저출생 관련 대안을 마련해야 한다는 것입니다. 젊은 세대의 삶의 방식과 인식이 과거와는 달라졌기에 현장 목소리에 귀를 기울이고 젊은 세대들의 요구가 무엇인지 살피는 것이 중요합니다.

『저출생과의 전쟁』은 현시대를 살아가는 세대들의 관점에서 저출생 문제를 바라보고 있으며, 교육, 보육, 일자리 등 사회 각 분야가 모두 힘을 합쳐 저출생 문제 해결을 위해 노력해야 함을 강조하고 있습니다.

우리 국가교육위원회에서도 저출생 문제를 대한민국 미래교육에 가장 중요한 화두 중 하나로 보고 있으며, 이를 극복하기 위한 다양한 논의들을 이어나가고 있습니다. 위원회 산하에 저출생 교육개혁 특별위원회를 구성·운영하여, 유례없이 빠르게 악화되는 저출생 문제에 대응하여 교육을 통한 완화방안과 저출생 시대에 우리 미래교육이 나아가야 할 방향을 모색하고 있습니다.

저출생 문제 해결을 위해서는 결혼과 출산, 양육에 대한 사회적 인식개선이 무엇보다 중요합니다. 저출생의 심화로 우리 사회의 지속가능성이 위협받는 이 시점에서 "저출생과의 전쟁"은 단순한 현상 진단을 넘어 우리 국민 모두가 저출생 문제에 대해 보다 경각심을 가지고 함께 해결책을 모색해 나가는데 큰 도움이 될 수 있을 것이라 생각합니다. 다시 한번 『저출생과의 전쟁』 발간을 축하드리며, 『저출생과의 전쟁』이 사람들에게 '함께 사는 삶'의 중요성을 다시 한번 깨닫게 해주는 중요한 계기가 될 수 있기를 기대합니다.

발간을 위해 애쓰신 감경철 CTS회장님을 비롯한 저자 여러분의 노고에 감사의 마음을 전합니다.

국가교육위원회 위원장

이 배 용

하나님이 자기 형상 곧 하나님의 형상대로 사람을 창조하시되 남자와 여자를 창조하시고 하나님이 그들에게 복을 주시며 하나님이 그들에게 이르시되 생육하고 번성하여 땅에 충만하라, 땅을 정복하라, 바다의 물고기와 하늘의 새와 땅에 움직이는 모든 생물을 다스리라 하시니라 (창 1:27-28)

하나님께서 사람을 창조하실 때 하나님의 형상으로 지으신 이유는 복을 주시기 위함이었습니다. 사람은 존재 자체가 복입니다. 생육하고 번성하여 땅에 충만하고 땅을 정복하며 모든 생물을 다스리라는 명령을 받은 유일한 존재가 바로 사람입니다. 하지만 우리는 하나님과 함께 하면서 하나님의 형상으로 살아가기보다 세상과 함께하며 하나님의 명령에 불순종하다 보니 언제부터인가 효율성을 따릅니다. 하나님의 말씀보다 세상적인 원리가 삶을 지배하고 있는 것입니다.

저출생 문제는 단순히 대한민국을 살리기 위해서 필요한 것이 아니라 하나님의 창조 질서를 회복하고 하나님의 형상을 회복하기 위해서 반드시 필요한 일이라 생각합니다. 단순한 사회적 현상을 넘어 국가의 미래와 직결될 뿐 아니라 하나님 나라의 실현을 위해서도 중대한 이슈입니다.

지난 20년간 저출생 위기를 깊이 성찰하며 해결책을 모색해 온 감경철 이사장님의 노력은 그 자체로 매우 가치가 있습니다. 오랜 시간 대한민국의 미래를 살리는 일에 앞장서며 헌신해 주신 감경철 이사장님과 (사)행복한출생 든든한미래에 진심으로 축하를 드리고, 이 책을 통해 저출생 문제의 심각성을 깨닫고 그 해결을 위해 온 국민이 함께 힘을 모으는 일이 속히 이루어지길 소망합니다.

이번에 출간된 『저출생과의 전쟁』은 대한민국에 닥친 심각한 위기를 타개하기 위해 구체적인 대안을 제시하는 매우 의미 있는 자료입니다. 특별히 국내와 국외의 저출생 문제와 극복의 현황과 사례를 총망라해서 비교할 수 있도록 국내편과 해외편을 함께 출간함으로써 앞으로 우리의 미래를 예측하고 대비하기 위한 좋은 자료가 될 것이라고 생각합니다.

이 책은 대한민국이 처한 저출생 문제의 근본 원인을 분석하고, 사회적, 경제적, 심리적 요인들을 통합적으로 고려하여 실질적인 해결책을 제시하고 있습니다. 교회가 사회적 기관으로서 어떤 역할을 감당해야 하는지, 그리고 과연 성경적인 해법은 무엇인지에 대한 심도 있는 성찰을 이 책에서 찾을 수 있습니다. 하나님이 세우신 공동체인 가정을 향한 따뜻한 시각과 사회적 책임의식을 성경적 가치관을 바탕으로 담아내며, 한 가정의 소중함과 생명의 존엄성에 대해 다시금 깊이 생각하게 합니다.

저출생 문제는 단순히 인구 감소의 문제가 아니라, 미래 세대와 사회 전반의 지속 가능성 여부에 큰 영향을 미치는 사안입니다. 따라서

이 책은 개인과 가정뿐만 아니라, 정책 입안자와 사회 각계각층의 지도자들에게도 큰 도움이 될 것입니다. 『저출생과의 전쟁』은 문제 해결을 위한 담대한 비전을 제시하며, 우리가 다 함께 고민하고 나아갈 길을 분명히 제시하기 때문입니다. 이 책이 많은 사람들에게 읽히고, 저출생 위기를 극복하는 데 기여할 수 있기를 진심으로 바라며 기쁜 마음으로 이 책을 추천합니다.

한국교회총연합 대표회장

장 종 현

우리나라의 지난해(2023년) 합계출산율은 0.72명이었습니다. 1970년 100만여 명이던 신생아 수는 지난해 23만 명에 그쳤다고 합니다. 저출산은 우리 공동체의 미래를 암담하게 만듭니다. 국가의 존폐를 가름하는 중요한 잣대가 될 것입니다. 저출산은 곧바로 인구감소로 이어져 노동력은 부족해질 것이며, 이에 따라 경제 상황은 계속 어려워질 수밖에 없습니다. 소비는 감소하고 세수(稅收) 역시 감소할 수밖에 없습니다. 교육과 복지 시스템의 붕괴와 혼란도 상상 이상일 것입니다. 지방소멸은 미래의 문제가 아니라 이제 현재의 문제가 됐습니다.

어려운 국가적 과제에 그동안 기독교계가 보여주신 노력에 깊은 감사를 드립니다. 20년 전 우리 사회에서 '저출산'의 문제를 심각하게 여기지 않을 때 감경철 이사장님은 높은 혜안으로 출산장려운동을 시작했습니다. 출산장려국민운동본부를 출범시켰으며 각종 심포지엄과 전문가와의 논의를 통해 국민적 인식 개선과 사법 개정을 준비하고 진행했습니다. 근래에는 '저출산대책국민운동본부'를 출범해 세미나 포럼과 입법청원 운동을 펼치고 있습니다.

여실지견(如實知見), 문제의 원인을 있는 그대로 진단해야 해법(解

法)의 길이 보인다고 했습니다. 그동안의 노력으로 우리에게 저출산의 암담한 높은 장벽은 이제 서서히 극복의 대상이 되고 있습니다. 국민적 합의와 공동의 문제 인식에 너와 나, 옳고 그름이 없어지고 있습니다. 함께 극복해야 한다는 공동(共同)의 공감(共感)이 만들어지고 있습니다.

저출산 문제는 우리만의 문제가 아닌 세계적인 문제가 됐습니다. 각국 정부가 채택한 다양한 출산·양육 지원 정책은 그 실효성이 낮다는 분석이 나왔습니다. 저출산 극복을 위한 각국 정부의 적극적인 자세와 다양한 정책 시도에도 불구하고 그 효과는 기대에 못 미치고 있습니다. 국민적 인식 개선 없이 펼치는 정부 정책의 한계 때문일 것입니다. 이런 점에서 우리의 태도는 다릅니다. 정부는 물론 민간, 시민단체, 종교계가 모두 한마음으로 위기 극복의 공감을 갖고 있습니다.

그동안 (사)행복한출생 든든한미래의 깊은 노고에 감사드립니다. 이 책을 통해 더 많은 사람이 저출산 인구감소의 국가적 위기를 타개하는 데 힘을 모았으면 좋겠습니다.

조계사 주지
담화 스님

안녕하십니까? 국민의힘 국회의원 인요한입니다.

『저출생과의 전쟁』 출판을 진심으로 축하드립니다.

2024년 대한민국에서 가장 중대하고 시급한 문제는 바로 저출생 문제입니다.

현재의 저출생 상황이 지속된다면 대한민국은 성장동력을 잃고 침체하게 될 것입니다.

현재 K-컬처로 대표되는 대한민국이 지속가능한 성장을 계속하기 위해서는 저출생 문제를 꼭 해결해야 합니다.

그간 저출생 극복을 위해 정부와 국회도 각고의 노력을 해오고 있지만 그 성과가 미미한 것이 사실입니다.

이번 (사)행복한 출생 든든한 미래가 출간한 『저출생과의 전쟁_해외편』에 보면 북미, 유럽, 아시아 등 많은 나라의 저출생 극복을 위한 사례를 잘 분석 요약해 두었습니다.

특히 유럽의 많은 나라에서 교회 유휴공간에 아동돌봄 센터를 운영함으로써 지역사회에 큰 도움을 준다는 사실이 저에게 깊은 울림을 주었습니다.

사실 6만여 한국교회 일천만 성도들은 저출생 문제해결을 위해 그간 많은 노력을 해왔습니다.

참 감사한 일입니다.

2022년 교계 지도자분들이 중심이 되어 저출생대책국민본부가 출범하였고 작년에는 비영리 사단법인인 행복한출생 든든한 미래가 출범 하기도 했습니다.

대한민국이 저출생을 극복하고 행복한 미래를 만드는 그날까지 저도 국회에서 최선을 다하겠다는 약속을 드립니다.

다시 한번 『저출생과의 전쟁』 출판을 진심으로 축하드립니다.

감사합니다.

국민의힘 최고위원

인 요 한

먼저, 지난 20년간 저출생 위기 문제를 인식하고, 국내외 저출생 현상과 위기 극복 대안을 조사하고 해결하기 위해 노력하고 있는 (사)행복한출생 든든한미래 임직원 여러분께 감사드립니다. 아울러 『저출생과의 전쟁』 발간을 진심으로 뜻깊게 생각합니다.

여러분!

올해 교육부와 한국교육개발원이 작성한 '2023~2029년 초 · 중 · 고 학생 수 추계 (보정치)'에 따르면, 앞으로 5년 동안 전국 초 · 중 · 고 학생이 85만 6196명(16.7%) 줄어들고, 이 중 초등학생 감소만 약 75만 명에 이를 것으로 추산하고 있습니다. 국가적 재난이라고 해도 과언이 아닐 정도입니다.

현재 우리 사회가 직면한 가장 큰 위기는 저출생입니다. 저출생은 인구가 줄어든다는 단순한 통계학적인 문제가 아닙니다. 경제는 물론 안보, 문화, 복지 등 우리 사 회 전반에 걸쳐 막대한 영향을 미치는 중대한 문제입니다.

결국, 저출생은 국가존립과 관련된 가장 중요한 문제입니다.

하지만 역대 정부의 저출생 대책은 실효적 성과를 보이지 못했습니다. 2006년부터 400조 원이 넘는 예산을 출산율 제고를 위해 투입했지만, 저출생 문제를 해결하지 못했습니다. 오히려 악화되고 있습니다.

이제는 발상의 전환이 필요합니다. 그리고 모두의 노력이 있어야 합니다.

"한 아이를 키우기 위해 온 마을이 필요하다"라는 말이 있습니다. 마찬가지입니다. 저출생을 극복하기 위해서는 온 나라의 관심과 역할이 필요합니다. 이런 의미에서 ㈜행복한출생 든든한미래에서 발간하는 『저출생과의 전쟁』 책자는 사회적으로 매우 뜻깊은 일입니다.

아무쪼록 『저출생과의 전쟁』이 우리 사회의 저출생 문제에 대한 인식 개선과 위기 극복을 위한 디딤돌이 되길 기원합니다. 감사합니다.

국민의힘 국회의원

윤 상 현

대한민국은 지금, 초저출생 위기라는 국가적 재난 앞에 서 있습니다. 정부가 '인구 비상사태'를 선언했지만, 실효성 있는 대책은 여전히 부족합니다. 작년 합계 출산율은 0.72명으로 떨어졌고, 현재는 0.6명에 근접하고 있습니다. OECD 국가 중 출산율이 1명 이하인 국가는 대한민국이 유일합니다. 이는 단순한 인구 감소를 넘어, 우리 사회와 경제의 근간을 흔들며 미래 세대의 희망마저 희미하게 만들고 있습니다. 초저출생 문제를 해결하지 못한다면, 국가의 지속 가능성은 심각한 위협에 직면할 것입니다.

"보라 자식들은 여호와의 기업이요 태의 열매는 그의 상급이로다"

(시편127:3)

자녀들은 주님께서 주신 귀한 선물이며, 그들을 통해 우리의 미래에 희망을 주신다고 말씀하셨습니다. 자녀를 통해 하나님의 축복이 이어지기를 바라는 그 뜻을 기억할 때, 초저출생 문제는 단순한 사회적 과제에 그치지 않고, 하나님의 계획 안에서 기도하며 함께 해결해 나가야 할 신앙적 사명입니다.

(사)행복한출생 든든한미래는 이 사명을 다하기 위해 지난 20여년 동안 저출생 문제를 인식하고, 다양한 활동을 통해 해결 방안을 모색해 왔습니다. 저출생 문제의 본질을 연구하고, 모두가 공감할 수 있는 대안을 제시하려는 CTS의 오랜 노고에 깊은 감사를 드립니다. 이번에 출판된 『저출생과의 전쟁』은 국내외 출산 정책과 주요 국가들의 성공 사례를 포함한 오랜 연구의 결실이 담긴 중요한 자료로, 국가적 위기 해결의 중요한 열쇠가 될 것입니다.

저 또한 국회의원으로서 초저출생 문제의 심각성을 깊이 인식하며, 초당적인 협력 속에서 실질적인 해결책을 찾아가고자 합니다. 우리가 기도하고 실천할 때, 하나님께서 우리에게 지혜를 주시고 이 위기를 극복할 힘을 허락하실 것이라 믿습니다.

주님께서 우리에게 허락하신 이 아름다운 나라와 다음 세대를 위해, 모두가 함께 기도하고 힘을 모으길 소망합니다. 이 책을 접하시는 모든 분들과 그들의 가정, 그리고 주변인들에게 하나님의 크신 은혜와 축복이 가득하기를 기도드립니다.

더불어민주당 국회의원

송 기 헌

목차

미국 USA

유럽 EUROPE

스웨덴 SWEDEN

헝가리   HUNGARY

네덜란드   NETHERLANDS

독일 GERMANY

이탈리아 ITALY

"칠드런 오브 맨"(Children of Men)"이란 영화가 있다. 동명의 소설을 영화로 만든 것이다. 인류가 18년 동안 출산을 하지 못해 멸종 위기에 처한 디스토피아적 미래를 배경으로 한다. 주인공은 임신한 한 난민 여성을 보호해달라는 요청을 받는다. 인류의 미래와 소망이 오로지 태어날 그 아기에게 달려있다. 이 영화는 단지 상상력의 산물이 아니다. 인류가 출산율 제로라는 극단적인 상황에 직면했을 때의 사회 붕괴와 혼란을 경고한다. 영화 속의 이야기가 현실이 되지 말라는 법도 없다.

지금 대한민국은 현재 합계출산율이 0.6에 성큼성큼 다가가고 있다. 마치 절벽 끝에 서 있는 것처럼 절박한 상황이다. CTS의 감경철 회장은 1990년대부터 출생과 영유아 교육의 중요성을 강조하면서 전문가들을 모아 연구소를 만들었다. 2023년에 출범한 사단법인 '행복한 출생 든든한 미래'도 그 가운데 하나이다. 사) 행복한 출생 든든한 미래는 이사장인 감경철 회장을 주축으로 그동안 진행해 온 연구와 활동을 기반으로 다양한 해외 사례들을 심도 있게 조사하고 분석하며, 각국의 성공적인 사례들을 모아 이 책을 만들었다.

1장에서 3장까지는 북미, 유럽, 아시아 여러 국가가 저출생 문제에 직면하게 된 역사적 배경과 현재의 인구 현황을 깊이 있게 살펴보는 데 초점을 맞췄다. 각국 정부가 도입한 다양한 정책들을 면밀히 분석하며, 출산 장려 정책에서부터 육아 지원 시스템까지의 성공 사례와 그 한계를 함께 다루었다.

더 나아가 일부 기업들이 일과 가정의 균형을 돕기 위해 도입한 혁신적인 복지 제도들도 소개했다. 또한, 저출생 문제 해결을 위해 재원을 어떻게 마련했는지, 또 개신교 교회를 포함한 타 종교 단체들이 유휴 공간을 어떻게 아동 돌봄 시설로 전환했는지 구체적인 사례도 소개했다. 마지막 장에서는 "우리나라는 어떻게 해야 할 것인가?"라는 질문으로 저출생 문제에 대한 실질적인 해결책 모색을 과제로 제시했다.

아무쪼록 이 책에 실린 각국의 사례가 한국적 상황에 맞는 정책과 전략 구축에 조금이나마 도움이 되길 바란다.

(사)행복한출생 든든한미래

북미
North America

캐나다
CANADA

1. 역사적 배경과 인구현황

캐나다의 인구는 1867년 연방 창설 이후 매년 증가해 왔으며, 초기 요인은 이민과 높은 출산율이었다. 1871년 첫 번째 전국 인구조사에서 캐나다의 인구는 약 368만 명이었으나, 2024년에는 약 4,100만 명이다.

캐나다의 인구는 19세기 후반과 20세기 초반 대규모 이민과 출산율 증가 덕분에 빠르게 증가했다. 특히, 제2차 세계대전 이후 '베이비 붐' 시대에는 매년 40만 명 이상의 신생아가 태어났다. 특히1956~1957년에는 연간 52만 명 이상으로 역대 최고 인구 증가율을 기록했다. 그러나 1970년대에 들어서면서 베이비붐이 끝나고, 출산율이 하락하기 시작했다.

2024년 현재 캐나다 인구는 약 4,100만 명이며, 인구 증가율은 약 1.02%로 유지되고 있다. 캐나다는 이민을 통해 인구 성장을 이어가고 있으며, 2024년 1분기 동안에만 12만 명 이상의 신규 이민자를 유치했다. 이민자들은 주로 노동력 부족을 해결하기 위해 마리타임(해양) 주들인 노바스코샤, 뉴브런즈윅, 프린스에드워드아일랜드로 유입되었다.[1]

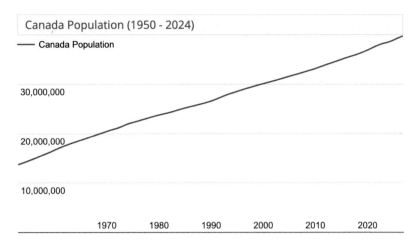

캐니다 인구변이(worldometes)

2. 캐나다의 저출생 해결 정책

2.1 캐나다 아동 혜택(Canada Child Benefit, CCB)

캐나다 정부는 저출생과 가정의 경제적 부담을 완화하기 위해 캐나다 아동 혜택(Canada Child Benefit, CCB)을 시행하고 있다. 이 혜택은 자녀가 있는 모든 가정에 매달 일정 금액의 지원금을 제공한다. CCB는 자녀의 나이가 만 18세 이하인 모든 가정에 소득에 따라 차등 지급된다.

CCB 금액은 매년 인플레이션을 반영하여 조정된다. 2024년, 소득에 따른 지급기준은 다음과 같다.

소득이 약 3천200만원 이하인 가정은 최대 금액을 받을 수 있다. 자녀 1명당 월 57만원(연간 최대 6,93만원)을 받는다.

소득이 3천 200만 원~7천만 원인 경우, 초과 소득의 1.3%에 해당하는 금액만큼 혜택이 줄어든다. 두 자녀 이상의 경우에는 초과 소득의 2.6%로 더 많이 줄어든다.

소득이 7천만 원을 초과하는 금액의 3.9%만큼 혜택이 감소한다. 두 자녀 이상일 경우 이 비율은 7.8%로 줄어든다.

소득이 약 2억 원(200,000 CAD) 이상일 경우, CCB 혜택은 거의 지급되지 않거나 전혀 지급되지 않는다.

2.2 출산 및 육아휴직

출산휴가는 최대 15주 동안 사용할 수 있다. 산모는 출산 직전부터 출산 후까지 이 휴가를 사용할 수 있으며, 출산 직후부터 17주 내에 휴가를 시작해야 한다.

출산휴가가 끝난 후, 부모는 육아휴직(Parental Leave)을 사용할 수 있다. 육아휴직은 부부가 최대 40주까지 사용할 수 있다. 이 휴직 기간은 부부가 나누어 사용할 수 있으며, 한 부모가 최대 35주까지 사용할 수 있다. 만약 부모가 육아휴직을 나누지 않는다면, 부모 중 한 명이 전 기간을 사용할 수도 있다. 아버지 전용 5주 휴직은 부모가 휴직을 나누어 사용할 때 유용하게 적용되나, 최소 5주 동안 아버지가 반드시 육아휴직을 사용하도록 장려하고 있다.

출산 및 육아휴직 기간 동안, 부모는 실업보험(Employment Insurance, EI)을 통해 일정 소득을 보장받을 수 있다. EI는 두 가지 방식, 즉 표준 방식(Standard Option)과 확장 방식(Extended Option)이다.

표준 방식을 선택한 부모는 최대 40주 동안 휴직할 수 있으며, 이 중 한 부모가 최대 35주까지 휴직을 사용할 수 있다. 이 기간 동안, 부모는 평균 소득의 55%를 보장받으며, 최대 주당 650 CAD(약64만원)를 받을 수 있다. 확장 방식을 선택한 부모는 더 오랜 기간 휴직을 할 수 있지만, 보장받는 소득 비율이 낮아진다. 최대 69주 동안 휴직할 수 있으며, 이 기간 동안 평균 소득의 33%, 주당 최대 390 CAD(약 38만원)을 받을 수 있다.[2]

2.3 보육 서비스 지원

캐나다의 각 주는 보육 서비스에 대한 책임과 재정 지원 방안을 다르게 설정하고 있어, 보육비 격차가 아주 크다. 예를 들어, 퀘벡 주에서는 하루 8.50 CAD(약 8,400원)로 공공 보육 서비스를 제공하는 반면, 다른 주에서는 한 달에 1,000 CAD(98만 원) 이상을 지불해야 하는 경우가 흔하다. 퀘벡 주의 보육 서비스 지원은 캐나다 내에서 가장 주목받고 있다. 퀘벡주의 보육 서비스 지원은 캐나다의 보편적 보육 서비스(Universal Childcare) 모델로 자리 잡았다.

이러한 격차를 해소하기 위해 연방 정부는 퀘벡의 성공을 바탕으로, 캐나다 연방 정부는 2021년, 전국적인 보육비 절감 계획을 발표했다. 이 계획은 2025년까지 캐나다 전역에서 하루 보육비를 10 CAD 이하로 낮추는 것을 목표로 한다. 또한 보육 서비스의 접근성을 확대하고 비용을 줄이기 위한 예산을 대폭 편성했다.[3]

그 결과 브리티시 컬럼비아 주는 연방 정부의 지원을 받아 보편적 보육 지원 시스템을 확장했다. 이를 통해 부모들은 저렴한 비용으로 보육 서비스를 이용할 수 있게 되었으며, 저소득 가정은 추가적인 보조금을 통해 보육비 전액 면제 혜택도 받을 수 있게 되었다.

3. 퀘벡주의 성공사례

퀘벡주는 캐나다에서 두 번째로 인구가 많은 주이다. 퀘벡의 인구는 20세기 초반까지 높은 출산율과 이민 덕분에 지속적으로 상승했다. 그러나 1960년대부터 '조용한 혁명(La Révolution tranquille)'**4**으로 불리는 사회 변화가 시작되면서 출산율이 급격히 하락했다.

전통적인 가톨릭 교회 영향력이 약해지면서 세속화가 진행되었고, 여성들의 사회 진출이 증가하며 출산율이 낮아졌다. 이러한 변화는 퀘벡의 인구 구조에 중요한 영향을 미쳤다.

2024년 현재 퀘벡의 인구는 약 870만 명으로, 캐나다 전체 인구의 약 22%를 차지하고 있다. 퀘벡의 인구 증가는 주로 이민에 의한 것이며, 이민자들은 주로 몬트리올을 중심으로 한 대도시에 정착하고 있다. 퀘벡은 주 특유의 인구 동향과 성공적인 출산 정책을 통해 캐나다 다른 주와는 아주 다른 양상을 보여왔다.

3.1 퀘벡부모보험(QPIP)

퀘벡 부모 보험(Quebec Parental Insurance Plan, QPIP)은 2006년 퀘벡 주에서 시행되었다. 그러나 이 제도의 도입이 거저 된 것은 아니다. 여성 단체과 퀘벡 정부와 연방 정부 간의 오랜 협상 끝에 이루어졌기 때문이다. 1988년부터 여성 단체들은 출산 및 육아휴직의 중요성을 강조하며 QPIP 도입을 요구해왔다. 1997년 퀘벡 정부가 처음 정책 성명에 이를 포함시키면서 구체적인 논의가 시작되었지만, 실제 시행까지는 약 10년이 걸렸다.

연방 정부의 고용보험(Employment Insurance, EI) 제도와 퀘벡의 자체적인 정책 간의 조율에 밀고당김이 오래 지속되었다. 결국 2006년, QPIP는 퀘벡 주의 독자적인 부모 보험 제도로 자리매김했다. 그 결과 퀘벡은 캐나다 내 다른 주와는 차별화된 출산 · 육아 지원 정책을 제공하게 되었다.

QPIP의 가장 큰 장점은 부모들이 자녀 출생 후 최대 50주 동안 유급 휴가를 사용할 수 있다는 점이다. 부모는 휴가를 나누어 사용할 수 있어 유연하게 자녀 돌봄을 계획할 수 있다. 특히, QPIP는 소득의 최대 75%까지 보장한다. 뿐만 아니라 QPIP에는 아버지 전용 휴가를 포함되어 있다. 2024년 현재, 퀘벡에서는 남성의 육아 참여율이 지속적으로 증가하고 있으며, 이는 캐나다의 다른 주들에 비해 더 높은 수준의 성평등을 실현하는 데 지렛대 역할을 하고 있다.[5]

QPIP의 도입 이후 퀘벡 주의 출산율은 눈에 띄게 증가했다. 2000년대 초반까지 감소세를 보이던 퀘벡의 출산율은 QPIP 시행 이후 반등하였으며, 이는 캐나다의 다른 주들과 비교했을 때 두드러진 변화였다. 퀘벡의 출산율은 2024년 현재도 다른 주들보다 높은 수준을 유지하고 있다. 이러한 성과는 QPIP가 출산 후에도 부모들이 경제적 안정 속에서 자녀를 양육할 수 있도록 한 덕분이다.

또한, QPIP는 여성의 노동력 참여를 촉진하는 데도 큰 역할을 했다. 여성들은 출산 후에도 직장에 복귀할 수 있는 안정적인 환경을 제공받았으며, 이는 퀘벡 주의 여성 경제활동 참여율을 높이는 중요한 요인으로 작용했다. 2024년 현재, 퀘벡의 여성 노동력 참여율은 캐나다 내 다른 주들에 비해 높은 수준을 유지하고 있다.

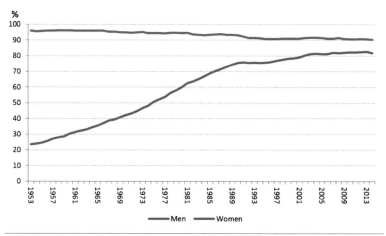

urce: Labour Force Survey (LFS), 1976 to 2014, and previous LFS publications.

1953년–2014년까지 25세–54세 사이의 남녀 노동력 참여율

QPIP가 시행되기 전인 1997년에서 2006년 사이, 퀘벡에서는 두 가지 중요한 변화가 있었다. 바로 통합 아동 수당의 도입과 유아교육 및 돌봄 서비스 강화이다. 이 두 가지 변화는 1997년에 시작되었지만, 2023년 현재까지도 완전히 완료되지 않은 상태이다. 이는 정책이 완전히 뿌리내리기까지 얼마나 많은 시간이 걸릴 수 있는지를 보여준다.

보육 서비스는 퀘벡 여성의 노동력 참여를 증가시키고 출산율 증가에도 기여했으나, 통합 아동 수당이나 보육 서비스가 출산율에 미친

영향은 미미했다. 이 사례는 정책 변화와 사회적 변화가 결코 저절로 이루어지지 않으며, 오랜 시간과 끈질긴 노력이 필요하다는 것을 보여준다.

장기 육아휴직을 계획하는 부모들에게 가장 큰 고민은 재원 확보이다. 아무리 휴직 제도가 잘 마련되어 있어도 적절한 급여 지원이 없다면, 부모들이 경제적 부담 때문에 휴직을 결정하기 어려운 것은 선진국에서도 마찬가지이다. QPIP는 곧 재원 마련 정책인 것이다.

그림 6 QPIP 브로셔

QPIP는 근로자라면 누구나 가입해야 하는 의무 보험으로, 건강보험이나 고용보험처럼 보험료를 납부해야 한다. 이렇게 모인 자금은 모성·부성휴가, 육아휴직, 입양휴직을 사용하는 부모들에게 일정 수준의 보험금을 지급하는 데 사용된다. 2019년 기준으로, 월 400만 원을 받는 직장인은 매달 약 2만 1,000원을 QPIP 보험료로 납부하는 셈이다.

2020년에 이르러 QPIP에 여유가 생기면서 다음 해 부터는 보험료를 6% 인하하는 유연한 정책도 실시했다. 놀라운 사실은 퀘벡시의 대다수 시민이 자녀가 없거나 결혼할 계획이 없는데도 별 거부반응 없이 부모보험료를 낸다는 것이다. 그리고 그들은 이렇게 말한다.

"아이들이 없다면 우리의 미래도 없기 때문입니다."

4. 저출생 극복을 위한 기업과 정부의 노력

많은 캐나다 기업들은 정부의 정책에 발맞춰 유연근무제를 도입하고 있다. 이 제도에 따라 부모들은 업무 시간과 방식을 더 자유롭게 선택할 수 있다. 캐나다 노동법(Canada Labour Code)은 근로자들이 가족과 관련된 이유로 일정 기간 유연근무를 요청할 수 있도록 보호하고 있으며, 고용주는 이를 합리적으로 고려해야 한다.

코로나19 팬데믹 이후, 많은 캐나다 기업이 재택근무를 허용하고 있다. 특히 재택근무는 신생아가 있는 가정이나 어린 자녀를 돌봐야 하는 부모들에게 유용하다. 캐나다 통계청에 따르면, 팬데믹 기간 동안 직장인의 상당수가 재택근무를 했다고 한다.

캐나다의 출산 및 육아휴직 제도는 부모들에게 최대 18개월까지 자녀 양육을 위해 직장을 떠날 수 있으며, 이 기간 동안 일정 부분의 소득을 보장받는다. 많은 캐나다 기업들은 정부의 육아휴직 제도와 더불어 추가 지원을 하고 있으며, 일부 기업들은 육아휴직 기간 중 급여의 일정 비율을 추가로 보전해 주거나 복귀 후 일정 기간 동안 근무 시간을 줄여준다.

4.1 로열 뱅크 오브 캐나다(Royal Bank of Canada, RBC)

예를 들어, 로열 뱅크 오브 캐나다(Royal Bank of Canada, RBC)와 같은 대형 기업들은 직원들에게 최대 18개월까지 육아휴직을 제공하며, 육아휴직 기간 동안에도 건강보험 및 기타 혜택이 유지된다. 또한 직원들은 근무 시간을 조정하거나 재택근무를 통해 자녀와 더 많은 시간을 보낼 수 있다. 직장 내 보육 지원 프로그램을 운영하거나, 보육비 보조금을 제공한다. 부모들의 신체적 · 정신적 건강을 지원하는 다양한 프로그램을 운영한다. 여기에는 육아 스트레스를 줄여주는 상담 서비스나 건강 관리 프로그램 등이 포함되어 있다.

RBC 사내 보육 시설
(출처:https://www.rbcroyalbank.com/)

4.2 Scotiabank(직원 복지 차원을 넘어 기업의 인재 유지 전략으로)

캐나다의 주요 은행 중 하나인 Scotiabank는 직원들이 자녀 양육과 업무를 병행하는 데 있어 겪는 어려움을 이해하고, 이를 지원하기 위해 사내 보육시설을 운영하고 있다. 특히 직장인 부모들에게 보육비 부담과 자녀 돌봄 문제는 큰 과제인데, Scotiabank는 이를 해결하기 위해 자녀를 위한 안전하고 신뢰할 수 있는 보육 서비스를 제공함으로써 부모들이 업무에 집중할 수 있는 환경을 조성하고 있는 것이다. 직원들은 자녀를 가까운 곳에서 돌볼 수 있어 출퇴근 시간을 절약하고, 자녀와 떨어져 있는 불안감을 덜 수 있다.

Scotiabank의 이러한 지원은 단순히 직원 복지 차원을 넘어, 기업의 인재 유지 전략으로도 중요한 역할을 하고 있다. Scotiabank의 사내 보육시설은 직원들의 자녀가 안전하게 지낼 수 있는 공간으로 설계되었으며, 자격을 갖춘 교사들이 자녀의 돌봄과 교육을 담당하고 있다. 부모들이 일하는 시간에 맞춰 유연하게 운영되며, 업무 일정에 따라 보육 시간을 조정할 수 있다. 단순한 돌봄을 넘어, 유아의 발달 단계에 맞춘 교육 프로그램을 운영하여 자녀들이 지적, 정서적으로 성장할 수 있도록 돕고 있다.

그 결과 직원들의 이직률은 감소하고, 업무 만족도는 향상되었다.[6]

직장여성을 위한 재택근무 (https://www.scotiabank.com/)

4.3 소프트초이스(Softchoice)

소프트초이스(Softchoice)는 캐나다의 IT 서비스 제공업체이다. 코로나19 팬데믹을 계기로 재택근무와 유연 근무제를 지원하며, 직원들이 가정과 직업 생활을 원활하게 병행할 수 있는 환경을 강화했다. 이후 출산뿐만 아니라 입양한 직원에게도 유급 육아휴직을 제공하며, 다양한 복지 프로그램을 운하고 있다.

소프트초이스의 직원들은 가정의 필요나 개인적인 상황에 맞춰 자유롭게 근무 시간을 조정할 수 있다. 특히, 코로나19 팬데믹을 계기로 소프트초이스는 재택근무를 지원하는 정책을 적극적으로 펼쳤다. 직원들은 회사에서 제공하는 디지털 인프라를 활용해 자택에서 효율적으로 업무를 수행할 수 있었다. 이로인해 출퇴근할 때 겪는 시간과 비용 부담을 덜게 된 직원들은 더 나은 워크-라이프 밸런스를 유지할 수 있는 기회를 얻을 수 있었다.

소프트초이스는 출산뿐만 아니라 입양한 직원에게도 유급 육아휴직을 제공한다. 소프트초이스는 직원들이 직장과 가정 생활에서 발생하는 심리적 및 정서적 스트레스를 완화할 수 있도록 가족 상담 서비스를 제공한다. 또한 다양한 워크숍과 교육 프로그램을 운영해 직원들의 자기계발과 성장을 지원한다. 그 결과 회사 내부에서 지속적인 학습과 성장을 장려하는 기업 문화가 구축되었다.

소프트초이스의 가족친화정책은 캐나다뿐만 아니라 전 세계적으로도 중요한 벤치마킹 사례로 주목받고 있다. 출산 장려와 가정-직장 균형을 지원하는 모델로서 한국을 비롯한 여러 국가들이 소프트초이스와 같은 성공적인 사례를 참고해 자국 상황에 맞는 가족친화 정책을 도입하고, 저출생 문제 해결 방안을 모색하고 있다.[7]

5. 교회 유휴공간을 이용한 아동돌봄 시설

 캐나다의 많은 교회 건물이 평일에는 거의 사용되지 않고 있다. 이러한 유휴공간은 지역사회의 필요에 맞게 보육 서비스나 아동 돌봄 시설로 변환될 수 있는 잠재력을 지니고 있다. 특히 토론토, 밴쿠버 등 대도시 지역에서는 높은 보육비와 시설 부족이 심각한 문제로 대두되고 있어, 교회의 빈 공간을 활용하는 것은 아동 돌봄 서비스 수요를 충족하는 실질적인 해결책으로 평가받고 있다.

 교회와 지역 사회 간 협력은 캐나다 곳곳에서 이루어지고 있으며, 이는 지방정부, 비영리 단체와의 협력으로 구체화되고 있다. 예를 들어, 온타리오 주에서는 교회 건물 내에서 운영되는 비영리 아동 돌봄 시설이 증가하고 있으며, 주정부 또한 교회 기반의 돌봄 프로그램이 지역주민의 요구에 크게 기여할 수 있다는 것을 인정하고 있다.

 교회의 유휴공간을 활용한 아동 돌봄 시설은 여러 가지 이점이 있다. 첫째, 경제적 측면에서 교회의 기존 인프라를 활용하기 때문에 초기 비용 부담이 적다. 교회는 이미 많은 경우 기본적인 인프라를 갖추고 있어, 새로운 시설을 건설할 필요 없이 기존 건물만 소규모로 개조하면 운영이 가능하다.

둘째, 지역사회 통합을 촉진한다. 교회는 전통적으로 지역사회에서 중심적인 역할을 해왔으며, 아동 돌봄 시설을 통해 지역 주민들에게 더 가까이 다가가며, 지역사회의 필요에 적극적으로 대응할 수 있다. 이로 인해, 교회는 종교적인 역할 외에도 지역사회에 실질적인 기여를 할 수 있는 공공기관으로서의 역할을 확대할 수 있다.

셋째, 보육 서비스 부족 문제 해결에 기여한다. 캐나다의 많은 도시는 특히 대도시권에서 보육 시설 부족 문제가 심각한 상황이며, 교회의 공간을 활용하는 것은 이러한 문제를 해결하는 데 실질적인 대안이 될 수 있다.

그러나 교회의 유휴공간을 아동 돌봄 시설로 전환하는 과정에서 몇 가지 도전 과제가 있다. 첫 번째는 시설 기준을 충족하는 것이다. 아동 돌봄 시설로서 기능하려면 안전, 위생, 교육 환경 등 법적 규제를 충족해야 한다. 교회의 유휴공간은 대개 이러한 기준을 맞추기 위해 일부 개조가 필요하다.

둘째, 재정적 지속 가능성이 문제이다. 비영리 기반의 운영이 일반적이지만, 교회와 지역 정부, 비영리 단체 간의 협력을 통해 운영 자금을 확보해야 하며, 교회가 이를 유지하기 위한 재정적 지원을 필요로 한다. 또한, 이러한 운영 모델은 지역사회 참여와 지지를 필요로 하며, 이를 통해 지속 가능성을 유지할 수 있다.

현재 토론토의 여러 교회들은 이미 이 방식을 통해 아동 돌봄 서비스 수요를 충족하고 있으며, 캐나다 전역에서 교회와 지방정부, 비영리 단체가 이러한 협력 모델을 더욱 확산시키고 있다.

향후 더 많은 교회들이 지역사회의 요구에 따라 유휴공간을 활용하여 아동 돌봄 서비스를 제공하게 될 것으로 예상된다. 특히 지방정부와의 협력을 통해 더 많은 자원을 동원하고, 법적 기준을 충족하는 아동 돌봄 시설을 확충하고자 하는 노력이 가속화 되고 있다. (CBC News. "Churches and Daycares: A Growing Partnership.")[8]

5.1 세인트 제임스 성공회 교회의 유휴공간 활용

캐나다 온타리오 주에 위치한 세인트 제임스 성공회 교회(St. James Anglican Church)는 예배와 종교 활동뿐만 아니라 지역사회와의 연계를 중시하는 교회로 알려져 있다. 그러나 주중 대부분의 시간에 교회 건물은 유휴 상태로 남아 있었고, 이는 교회와 지역사회가 함께 해결해야 할 중요한 과제가 되었다. 한편, 토론토와 같은 대도시에서는 아동 돌봄 시설의 부족이 심각한 사회적 이슈로 대두되었고, 특히 중산층 및 저소득층 가정이 믿을 수 있는 돌봄 서비스를 찾는 데 큰 어려움을 겪고 있었다.

이에 따라 세인트 제임스 성공회 교회는 유휴공간을 아동 돌봄 시설로 활용하여 지역사회의 요구를 충족시키기 위한 방안을 모색하게 되었고, 2020년부터 본격적으로 아동 돌봄 서비스를 제공하기 시작했다. 이 교회는 돌봄 서비스의 제공을 통해 지역사회에서 큰 호응을 얻고 있으며, 이를 통해 종교 기관으로서 뿐만 아니라 공공 서비스 제공자로서도 새로운 역할을 수행하고 있다.

1857년 지어진 온타리오주 세인트 제임스 성공회 교회

세인트 제임스 성공회 교회의 아동 돌봄 시설은 풀타임 아동 돌봄 서비스를 제공하며, 자격을 갖춘 교사들이 안전하고 교육적인 환경에서 아이들을 돌보고 있다. 교회 측은 아동의 안전을 최우선으로 고려해 내부 공간을 개조했으며, 철저한 위생 관리와 안전 관리가 이루어지고 있다. 또한, 부모들이 직장 생활을 하면서 자녀를 안심하고 맡길 수 있도록 유연한 운영 시간을 제공하여 직장인 부모들의 필요에 맞춘 스케줄 운영이 가능한 체계를 구축했다. 유아 교육 전문가들이 참여해 아이들의 인지 발달과 사회적 기술을 촉진하는 다양한 활동을 진행하며, 교회의 넓은 공간을 활용한 놀이 기반 학습도 이루어지고 있다.

세인트 제임스 성공회 교회의 아동 돌봄 시설은 온타리오 주정부와 비영리 단체들과의 협력을 통해 운영되고 있다. 온타리오 주정부는 교회가 돌봄 시설을 원활하게 운영할 수 있도록 라이센스 등록과 운영 자금 지원을 제공하고 있으며, 비영리 단체들은 시설 운영에 필요한 인력과 프로그램 기획을 도와준다. 이러한 협력 모델은 교회가 단독으로 운영할 경우 발생할 수 있는 재정적 부담을 줄여주고, 돌봄 시설 운영의 지속 가능성을 보장하는 데 중요한 역할을 하고 있다.

세인트 제임스 성공회 교회 내부의 어린이집

세인트 제임스 성공회 교회는 기존 인프라를 활용함으로써 별도의 건설 비용 없이 유휴공간을 최대한 활용할 수 있었다. 이로인해 돌봄 서비스가 필요한 가정에 저렴한 비용으로 서비스를 제공할 수 있게 되었다. 교회는 종교와 상관없이 지역 주민들이 이 공간을 이용하도록 하여, 사회적 통합에도 기여하고 있다. 돌봄 시설을 통해 교회는 지역 주민들과 긴밀한 관계를 형성하게 되었고, 이는 종교적 활동을 넘어선 지역사회의 일원으로서 교회의 역할을 강화하는 중요한 계기가 되었다.

5.2 'YMCA와 교회 파트너십'

캐나다에서는 YMCA가 교회와 협력하여 유아교육 및 돌봄 프로그램을 성공적으로 운영하는 사례가 다수 존재한다. 교회의 유휴공간은 YMCA가 제공하는 돌봄 서비스를 위한 장소로 활용되며, 이를 통해 지역사회에 필요한 서비스를 제공하고 있다.

이 협력 모델은 지역사회 내에서 강력한 네트워크를 형성하는 데 기여했다. 특히, 교회는 지역 주민들에게 오랜 시간 동안 신뢰받아온 장소로, YMCA가 운영하는 프로그램에 대한 신뢰도를 높이는 데 중요한 역할을 했다. 부모들은 자녀를 안전하고 신뢰할 수 있는 환경에 맡길 수 있다는 안심감을 가지게 되었고, 이는 프로그램의 성공으로 이어졌다.

또한, YMCA와 교회의 파트너십은 교회 공간의 효율적인 사용을 촉진했다. 평소에는 사용되지 않는 교회의 공간이 지역사회에 중요한 교육 자원을 제공하는 장소로 재탄생함으로써, 지역사회의 요구를 충족시키는 데 크게 기여했다. 이와 같은 협력은 자원의 효율적 활용뿐만 아니라, 지역사회의 필요에 맞춘 서비스 제공이라는 두 가지 목표를 성공적으로 달성한 사례로 평가받고 있다.

미국
USA

1. 역사적 배경과 인구현황

미국의 출산율은 1800년대 초반, 여성 1인당 7명 이상의 자녀를 기록할 만큼 높았다. 1930년대 대공황을 거치며 출산율은 급격히 하락했다. 1930년대 초반에는 여성 1인당 자녀 수가 약 2명으로 떨어졌다. 하지만 제2차 세계대전 이후 베이비붐 시기에 출산율은 다시 상승하여, 여성 1인당 자녀 수가 4명이 되었다. 1970년대 초반까지는 대체 출산율인 여성 1인당 2.1명을 유지했지만, 이후 출산율은 지속적으로 감소했다. 2020년에는 여성 1인당 1.6명으로 미국 역사상 최저 수준에 도달했으며, 2021년에는 1.7명으로 소폭 반등했으나 여전히 낮은 수준이다.[9]

1960년대와 1970년대 이후, 여성들의 교육 수준 향상과 노동참여 증가, 피임 기술 발전 등 출산율 감소 요인은 다양하다. 그러나 2008년 금융 위기 이후 출산율의 급격한 하락은 경제 회복과 함께 반등할 것이라는 기대와는 달리, 경제 회복에도 불구하고 출산율은 지속적으로 감소하고 있다.

2020년대 미국의 출산율 감소는 경제적 요인과 사회적 변화에 의해 더욱 심화되었다. 주택비용과 육아비용의 상승, 경제적 불안정성, 그리고 여성들이 결혼과 출산을 늦추는 경향이 결합되어 첫 출산 연령이 높아졌다.

2023년, 인구가 160만 명이 늘어나 0.5%의 증가율을 보이긴 했으나 그것은 국내로 유입된 순이주자 수가 늘어났기 때문이다. 역사적으로 다섯 번째로 낮은 성장률이다. 2021년의 기록적인 저성장 이후 2023년에도 여전히 낮은 수준을 유지하고 있는 것이다. 이처럼 미국 인구 증가율은 몇 년 전부터 급격히 둔화되고 있다. 저출생, 인구 고령화, 그리고 팬데믹의 영향 등 여러 요인이 복합적 요인이 작용한 탓이다.

2024년 현재, 미국의 출산율은 여전히 대체 출산율인 여성 1인당 2.1명을 크게 밑도는 1.7명에 머물러 있다. COVID-19는 출산율 감소에 추가적인 압박을 가했고, 미국 인구학자들은 출산율이 향후 몇 년간 지속적으로 낮은 수준을 유지할 것으로 경고한다.

미국의 출산율 감소는 노동력 감소, 경제성장 둔화, 사회적 자본 약화 등 광범위한 경제적, 사회적 영향을 미칠 수 있다. 저출산 문제는 단지 미국만의 문제가 아니며, 유럽과 동아시아의 많은 고소득 국가들, 그리고 일부 저소득 국가들까지도 대체 출산율 이하의 출산율을 기록하고 있는 것이 현실이다.(United States Census Bureau. "Births, Deaths, Marriages, and Divorces.")

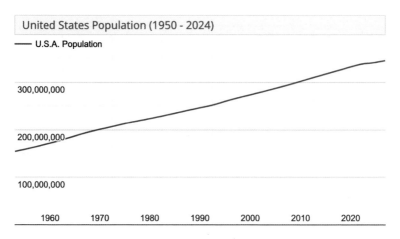

United States Population (1950 - 2024)
—— U.S.A. Population

1950-2024 인구변이 (worldometers)

2. 미국의 저출생 해결 정책

2.1 유급 가족 휴가(Family Leave)

연방 차원의 기본적인 휴가 제도로는 '가족 및 의료 휴가법(Family and Medical Leave Act, FMLA)'이 있다. 1993년에 도입된 FMLA는 근로자가 최대 12주간의 무급 휴가를 사용할 수 있도록 보장한다. 이 휴가는 출산, 입양, 가족 구성원의 건강 문제, 또는 본인의 건강 상태로 인해 직장 생활을 일시적으로 중단해야 할 때 사용할 수 있다.

FMLA는 연방 정부가 보장하는 무급 휴가이지만, 모든 근로자가 적용 대상은 아니다. 주로 대기업에 근무하거나 일정 기간 이상 근무한 근로자들이 혜택을 받을 수 있다. 따라서 FMLA의 무급이라는 제한과 일부 근로자만 적용된다는 한계로 인해, 유급 휴가를 도입하려는 주와 지방 정부의 노력이 가시화 되기 시작했다.

미국에서는 연방 차원에서 무급 휴가만을 보장하는 반면, 주별로 유급 휴가 제도를 추가하는 주들이 점점 늘어나고 있다. 특히 캘리포니아와 뉴욕은 유급 휴가 정책에서 선도적인 역할을 하고 있다.

캘리포니아 주는 2004년부터 유급 가족 휴가(California Paid Family Leave, PFL) 제도를 시행하며, 부모들이 최대 8주 동안 급여의 일부를 보장받는 유급 휴가를 제공하고 있다. 캘리포니아의 PFL은 근로자가 출산, 입양, 또는 가족의 간병을 위해 휴직할 때 주 소득의 60~70%를 지급한다. 이는 FMLA의 무급 휴가와는 달리 실질적인 경제적 지원이다.

뉴욕 주도 '뉴욕 유급 가족 휴가법(New York Paid Family Leave, PFL)'을 통해, 근로자가 출산, 입양, 또는 가족 돌봄을 위한 휴가를 사용할 수 있도록 유급 휴가를 제공한다. 2018년에 시행된 이 제도는 점차 확장되어 2021년에는 최대 12주간의 유급 휴가를 사용할 수 있으며, 근로자는 주 소득의 최대 67%를 보장받게 되었다. 뉴욕 PFL은 출산뿐만 아니라 간병이나 가족 돌봄과 같은 다양한 상황에 적용될 수 있어 근로자들에게 폭넓은 혜택을 제공한다.[10]

캘리포니아 유급 가족 휴가 (California Paid Family Leave Grant Facebook)

캘리포니아와 뉴욕 외에도 뉴저지, 로드아일랜드, 워싱턴 주 등 여러 주에서 유급 가족 휴가 제도를 도입하고 있다. 또한 워싱턴

D.C.는 2020년부터 유급 휴가 제도를 시행하여, 최대 8주간의 유급 출산 휴가와 6주간의 가족 돌봄 휴가를 보장한다. (California Employment Development Department, "Paid Family Leave.")

이처럼 미국의 유급 가족 휴가 제도는 연방 차원의 FMLA에서 시작해, 점차 주별로 확장되며 실질적인 경제적 지원을 제공하는 방향으로 발전하고 있다.

2.2 보육비 지원 확대

'보육비 세금 공제(Child and Dependent Care Tax Credit)'를 통해 부모들의 보육비 부담을 덜어주고 있다. 이 제도를 통해 부모는 보육 시설 이용비용을 세금 공제로 환급받을 수 있다. 2021년에는 '아메리칸 레스큐 플랜(American Rescue Plan)'[11]에 따라 일시적으로 세액 공제 한도가 크게 확대되었다. 해당 기간 동안 부모들은 자녀 1명당 최대 8,000달러, 자녀 2명 이상인 경우 최대 16,000달러까지 보육비용에 대해 세액 공제를 받을 수 있었다.

총 1조 9천억 달러 규모의 이 법안은 팬데믹에 따른 건강, 경제, 주거, 교육 등 다방면에서의 위기를 해결하고, 특히 저소득층과 중산층 가정 지원에 중점을 두었다. 특히 중산층 가정에 큰 혜택을 제공하며, 보육비 부담을 완화함으로써 출산장려에 도움을 주고자 했다. 바이든 행정부는 이 세액 공제 확대를 영구화하는 방안을 고려하고 있다.

미국 정부는 또한 저소득층 가정을 대상으로 '연방 보육 보조 프로그램(CCDBG, Child Care and Development Block Grant)'을 운영하고 있다. 이 프로그램은 저소득층 가정이 양질의 보육 서비스를 이용할 수 있도록 보육비를 지원하는 제도로, 주별로 운영되며 부모들은 자녀의 나이와 소득 수준에 따라 보조금을 지원받을 수 있다.

CCDBG는 수백만 가정에 보육비 지원을 제공하며, 특히 취업 중이거나 취업을 준비 중인 부모에게 혜택을 주어, 부모가 직업을 유지하는 동안 자녀가 안전하고 신뢰할 수 있는 보육 시설을 이용할 수 있도록 지원한다.

2021년에 일시적으로 확대된 아동 세액 공제는 부모들이 자녀 1명당 최대 3,600달러를 세액 공제로 환급받을 수 있게 하여, 보육비 부담을 줄이고 가계 소득을 늘리는 데 기여한 바 있다. 이와 함께, 바이든 행정부는 유아교육에 대한 투자도 확대하고 있으며, 프리스쿨 프로그램을 통해 모든 가정이 경제적 부담 없이 자녀의 조기 교육에 접근할 수 있도록 지원하고 있다.[12]

비록 2021년에 시행된 한시적인 확대는 종료되었으나, 기존 제도는 유지되고 있으며, 자녀 1명당 최대 2,000달러까지의 세액 공제를 받을 수 있다. 세액 공제는 가정의 소득 수준에 따라 차등 적용되며, 소득이 일정 기준을 초과할 경우 공제액이 줄어든다. 하지만 저소득층 가정은 여전히 이 혜택을 최대한으로 누릴 수 있으며, 일부 가정은 '환급 가능 세액 공제(refundable tax credit)'[13]를 통해 소득세가 없더라도 공제액을 환급받을 수 있다.

2.3 임신 및 출산 지원

미국 정부는 건강 보험 프로그램을 통해 임신과 출산에 대한 의료적 지원을 강화하고 있다. 특히 저소득층 가정을 대상으로 한 메디케이드(Medicaid) 프로그램을 통해 산모와 신생아의 건강을 보호하는 다양한 서비스를 제공하고 있다. 메디케이드는 저소득층 가정을 대상으로 운영되는 연방 및 주정부 공동 건강보험 프로그램으로, 특히 임신과 출산과 관련된 의료비를 지원한다.

임신한 여성은 소득 기준을 충족할 경우 메디케이드를 통해 임신 확인부터 출산 후 최대 60일간의 산후 관리까지 의료 서비스를 받을 수 있다. 메디케이드는 산모의 건강뿐만 아니라 출생 후 1년 동안 신생아의 건강 관리 비용도 보장한다. 많은 주에서 이 프로그램을 적극 실행하고 있다.

메디케이드와 기타 건강 보험 프로그램은 건강한 출산을 위해 임신 중 건강 검진, 초음파 검사, 혈압 관리, 영양 상담 등 필수 의료 서비스를 강화한다. 또한 산후에도 모유 수유 지원, 정신 건강 치료 등을 포함한 산후 회복 프로그램을 운영한다.

2010년 도입된 오바마케어(Affordable Care Act, ACA)는 지금도 미국 전역의 산모와 임신 여성들에게 필수적인 의료 서비스를 제공하는 핵심 의료 보장 이다. 2024년에 이르러, 오바마케어는 임신이전 병력에 대한 차별을 금지하면서 더 많은 여성들이 보험 혜택을 받을 수 있는 환경을 마련했다. 특히 ACA 이전에는 임신 자체가 보험 가입을 거부당하는 '기존 질병'으로 간주될 수 있었지만, ACA는 임신 전력에 관계없이 건강보험 가입을 보장하여, 모든 여성이 임신과 출산 중 필요한 의료 서비스를 보장받도록 했다.

이로 인해 민간 보험뿐만 아니라 메디케이드와 같은 공공 보험을 통해서도 여성들이 산전 관리와 출산 관련 혜택을 보다 폭넓게 접근할 수 있게 되었다. 즉 오바마케어 도입 이후, 메디케이드는 더욱 강화되어, '연방 빈곤선(FPL)'[14]의 일정 비율 이하 소득을 가진 가정의 여성들이 임신과 출산 관련 의료 서비스를 받을 수 있도록 보장하고 있다. 2024년 기준으로, 많은 주에서 메디케이드의 산후 관리 기간이 출산 후 1년까지 연장되었다.

2.4 주택 및 경제적 지원

미국에서 주택 비용은 자녀 계획에 중대한 영향을 미치는 요인 중 하나이다. 젊은 부부들은 주택을 구입하거나 임대에 대한 경제적 부담이 크다. 이러한 부담은 자녀 출산을 연기하거나 자녀 수를 줄이게 하는 요인으로 작용한다. 이에 대응하기 위해, 미국 정부는 다양한 주택 구입 지원 프로그램과 세금 공제를 제공한다.

주택 구입자 세금 공제(Homebuyer Tax Credit)를 통해 주택을 구입하는 가정에게 경제적 지원을 제공하고 있다. 이는 특히 첫 주택 구입자를 위한 혜택으로, 주택을 처음 구입하는 가정이 세금 공제를 통해 주택 구매 비용의 일부를 환급받을 수 있다. 2008년부터 도입된 주택 구입자 세금 공제는 일시적으로 중단되었으나, 최근 몇 년간 부동산 시장의 가격 상승과 주택 구입의 어려움을 해결하기 위해 확대되는 추세이다. 현재 논의 중인 새로운 주택 구입자 세금 공제는 자녀가 있는 가정에게 추가 혜택을 제공할 가능성이 있으며, 이를 통해 가정의 경제적 부담을 덜고 출산을 장려하는 정책이 될 것으로 기대된다.

연방 주택 프로그램(Housing Assistance Programs)을 운영하고 있다. 대표적인 프로그램으로는 연방 주택청(FHA)을 통한 FHA 대출 프로그램과 주택 바우처 프로그램이 있다.

FHA 대출 프로그램은 저소득층이나 신용도가 낮은 가정이 주택을 구입할 수 있도록 정부 보증 대출을 제공하는 것이다. 이 프로그램은 저축이 적거나 신용 점수가 낮은 가정에게도 낮은 다운 페이먼트와 저렴한 이자율을 제공해 주택 구입을 도와준다. 주택 바우처 프로그램은 저소득 가정이 민간 주택을 임대할 수 있도록 정부가 주거 비용의 일부를 보조해주는 제도이다. 이는 특히 대도시에서 주택 임대 비용이 높은 지역에서 효과적이다.[15]

3. 저출생 극복을 위한 기업과 정부의 노력

저출생 문제는 미국을 포함한 많은 국가들이 직면한 중요한 사회적 이슈이다. 미국 정부와 기업들은 출산율을 높이고 부모들이 자녀 양육과 직업 생활을 균형 있게 병행할 수 있도록 가족친화적인 근무환경을 조성하고 있다.

가족친화적인 근무환경은 현대 사회에서 일과 가정의 균형을 맞추는 데 필수적인 요소이다. 특히 저출산 문제로 어려움을 겪고 있는 국가들에서는 이러한 정책이 출산율을 높이고 부모들이 자녀 양육과 직업 생활을 효과적으로 병행할 수 있도록 돕는 데 중요한 역할을 한다. 미국은 가족친화적인 근무환경을 조성하기 위해 다양한 정책과 프로그램을 도입해왔으며, 이들 국가의 사례는 전 세계적으로 벤치마킹할 만하다.

특히 주목할만한 것은 다양한 기업들이 가족친화적인 근무환경 정책을 자발적으로 도입하고 있다는 사실이다. 사실 미국은 전국적으로 법적 육아휴직 제도가 상대적으로 약한 편이다. 따라서 직원들의 일과 가정의 균형을 지원하겠다는 기업들의 의지는 기업 밖이나 정책 입안자들에게도 선한 영향을 끼치고 있다. 가족친화적인 근무환경 조성은 직원 복지 차원을 넘어 저출산 문제 해결에도 기여하고 있다.

몇 가지 사례를 소개한다.

3.1 넷플릭스(Netflix)

넷플릭스는 혁신적인 미디어 스트리밍 서비스로 유명하지만, 가족 친화적인 근무환경 조성에도 선도적인 역할을 하고 있는 기업이다. 특히 넷플릭스는 무제한 유급 육아휴직 정책을 통해 부모들이 자녀와 더 많은 시간을 보낼 수 있도록 지원하며, 직원들의 직장 만족도와 복지를 획기적으로 높이는 데 기여하고 있다.

넷플릭스는 2015년부터 무제한 유급 육아휴직 정책을 도입해 많은 주목을 받았다. 이 제도는 부모가 자녀 출산 후 첫해 동안 원하는 만큼 유급 휴직을 사용할 수 있도록 하는 혁신적인 정책이다. 또한 출산 후 직장으로 복귀하는 시점도 부모의 필요에 따라 조정할 수 있다.

넷플릭스의 무제한 유급 육아휴직 정책은 직원들의 직장 만족도를 크게 높였다. 많은 부모들은 자녀 출산 후 직장 복귀에 대한 부담을 느끼지만, 넷플릭스는 직원들에겐 그런 부담감이 없다. 복귀 후에도 업무와 가족생활을 조화롭게 병행할 수 있기 때문이다. 그 결과 직원들의 회사에 대한 충성도는 높아지고 장기근속이 늘어나고 있다. 이것은 곧 인재 유치와 유지로 이어지면서 기업의 경쟁력을 강화시키고 있다. (Netflix Corporate. "Parental Leave Policy.")

넷플릭스 육아휴가
(https://www.linkedin.com/pulse/parental-leave-netflix-netflix)

미국은 다른 선진국들에 비해 법적으로 유급 육아휴직 제도가 상대
적으로 약한 편이다. 이에 따라 넷플릭스 이러한 정책을 통해 미국 내
가족친화 기업의 표본이 되었고, 다른 기업들에게도 긍정적인 영향을
미치고 있다.[16]

3.2 구글(Google)

구글은 직원 복지를 중시하는 기업으로도 유명하다. 구글은 출산
후 직원들에게 유급 육아휴직을 제공하고 있다. 직원들은 최대 18주
간의 유급 휴가를 사용할 수 있다. 특히 출산한 여성 직원에게는 최대
24주의 유급 출산 휴가가 주어진다.

구글은 출산 후 직원들이 원활하게 직장에 복귀할 수 있도록 돕는
프로그램을 운영하고 있다. 육아휴직 후 복귀 과정에서 직원들이 느
낄 수 있는 직장 복귀의 부담을 줄이기 위해, 단계적 복귀 옵션을 제

공한다. 아울러 직원들은 필요에 따라 파트타임 근무를 선택할 수 있다.

구글은 직장 내 성평등을 촉진하고, 특히 여성 직원들이 출산 후에도 경력을 이어갈 수 있도록 적극 지원한다. 구글은 출산 후 복귀한 직원들이 육아와 업무를 병행할 수 있도록 다양한 복지 프로그램을 제공하고, 직장 내 여성 리더십을 강화하기 위한 프로그램도 운영한다. 여성 직원들이 커리어 발전에 집중할 수 있도록 다양한 멘토링 프로그램을 통해 경력 개발을 지원하며, 이로 인해 많은 여성들이 출산 후에도 경력의 연속성을 유지하고 있다.(Harvard Business Review. "How Google Supports New Parents with its Parental Leave Policy.")

구글은 6개월이었던 육아휴직을 9개월로 강화하기로(Inc.2022.06.10. 뉴스레터)

이러한 구글의 정책은 구글이 성평등과 직원 만족도를 높이는 데 기여할 뿐만 아니라, 저출생 문제 해결에도 긍정적인 영향을 미치는 것으로 평가된다.

3.3 파타고니아(Patagonia)

파타고니아(Patagonia)는 아웃도어 의류 제조업체로 사회적 책임 경영을 실천하는 기업이다. 파타고니아는 1983년 처음으로 직장내 보육시설을 만들면서 가족친화적인 근무환경 조성에 앞장서고 있다.

부모들이 직장 생활과 자녀 양육을 원활하게 병행할 수 있도록 유아 동반 출근을 허용하며, 이를 위해 본사 내에 보육시설을 마련했다. 부모들은 근무 중에도 언제든지 자녀를 보러 갈 수 있다. 안도감을 느끼게 함으로써 업무 만족도와 생산성에 긍정적인 영향을 미친다. 패타고니아의 보육시설은 안전하며 전문적인 보육교사들을 보유하고 있다. 파타고니아는 저출생 문제 해결과 더불어 직원 복지 향상에 기여하는 성공적인 모델로 평가받고 있다.[17]

제조공장 내 보육시설
(Patagonia Corporate 홍보동영상 캡처)

작업을 잠시 중단하고 아이와 만나는 아빠(Patagonia Corporate)

4. 교회 유휴공간을 이용한 아동돌봄 시설

미국의 많은 교회들은 지역사회를 위해 다양한 프로그램을 운영하고 있으며, 그 중에서도 교회의 유휴공간을 활용한 아동 돌봄 센터 운영은 지역사회에 큰 도움을 준다.

4.1 그레이스 루터란 교회(Grace Lutheran Church)

미시간주에 위치한 그레이스 루터란 교회가 그 대표적인 사례이다. 그레이스 루터란 교회는 주말 예배 외에는 거의 사용되지 않는 교회의 넓은 공간을 활용하여, 돌봄 센터를 운영하고 있다. 교회측에서도 별도의 추가 비용 없이 기존 자원을 최대한 활용할 수 있고, 지역 주민들도 보육비를 상당 부분 줄일 수 있다.

많은 저소득층 가정이 고가의 상업적 보육 시설을 이용하기 어렵기 때문에 교회의 돌봄센터는 비용도 저렴하고 신뢰할 수 있어서 많이 이용하고 있다. 그레이스 루터란 교회는 지방정부와 비영리 단체로부터 라이센스 등록과 운영 자금 지원을 지원받고 있다.

미시건주 머스키건 그레이스 루터란 교회 어린이집
(https://winnie.com/place/grace-lutheran-preschool-muskegon)
4.2 '브라이트 호라이즌(Bright Horizons)'와 교회 협력

버지니아주 폴스 교회(Falls Church) 어린이집
(https://child-care-preschool.brighthorizons.com/va/fallschurch/inovafairfax)

미국의 'Bright Horizons'는 유아교육 및 돌봄 서비스를 제공하는 글
로벌 선도 기업으로, 혁신적인 방법으로 교육 공간을 확보하며 지역
사회에 중요한 교육 자원을 제공하고 있다. 특히 이 회사는 교회의 유

휴공간을 활용하여 0~3세 유아를 대상으로 하는 조기교육 및 돌봄 프로그램(ECEC)을 운영하는 모델을 채택해 왔다.

이 모델은 교회와 Bright Horizons 모두에게 이익을 제공하는 상생 협력의 좋은 사례로 평가받고 있다. 많은 교회가 주중에는 비어 있는 공간을 Bright Horizons와 같은 교회 내 돌봄센터 제공자에게 임대함으로써, 어린이들이 안전하고 편리한 환경에서 교육과 돌봄을 받을 수 있는 기회를 마련했다. 교회는 유휴공간을 통해 추가 수익을 창출할 수 있었고, 브라이트 호라이즌은 지역사회 내에서 접근성이 좋은 위치에 프로그램을 운영할 수 있는 이점을 누렸다.

이러한 협력은 부모들 사이에서 큰 신뢰를 얻었으며, 지역사회에 필수적인 교육 자원을 제공하는 데 성공했다. Bright Horizons의 프로그램은 아이들에게 안정적인 교육 환경을 제공할 뿐만 아니라, 부모들이 안심하고 자녀를 맡길 수 있는 선택지로 자리잡았다.

유럽
EUROPE

유럽은 이미 1990년대부터 출산율 하락을 경험해 왔으며, 현재 대부분의 국가에서 합계출산율이 2.1명 이하로 떨어졌다. 그러나 유럽의 다수 국가들은 이 기준 보다 훨씬 낮은 수준을 기록하고 있다. 특히 남유럽과 동유럽 지역에서는 "합계출산율이 1.3명 이하인 초저출생" 현상이 나타나고 있으며, 이는 인구 감소를 가속화하는 주요 요인으로 작용하고 있다.

저출생 현상과 함께 유럽은 고령화 문제에도 직면해 있다. 출산율이 지속적으로 감소함에 따라 유럽 전역에서 고령 인구의 비중이 빠르게 증가하고 있다. 이로 인해 노동 인구의 감소와 연금 및 복지 시스템에 대한 부담이 증가하고 있다. 예를 들어, 이탈리아와 스페인 같은 국가들은 1990년대 초반부터 초저출생 수준에 도달했으며, 이후 이들 국가의 인구는 급격히 고령화되고 있다.

과거에는 선진국이 개발도상국에 비해 상대적으로 낮은 출산율을 유지해왔지만, 최근 들어 이러한 경계가 점차 희석되고 있다. 개발도상국에서도 경제 발전과 도시화, 여성의 교육 수준 향상 등으로 인해 출산율이 크게 감소하고 있다. 반면, 일부 선진국에서는 이민자의 유입과 가족 지원 정책 등을 통해 출산율을 안정시키거나 증가시키려는 노력이 계속되고 있다.

유럽구가들은 저출생과 고령화 문제를 해결하기 위해 다양한 정책적 대응을 시도하고 있다. 예를 들어, 스칸디나비아 국가들은 넉넉한 부모 휴가 제도와 보육 지원 정책을 통해 출산율을 어느 정도 유지하고 있다. 그러나 이탈리아와 같은 남유럽 국가들은 여전히 출산율 저하와 고령화 문제에 대해 효과적인 해결책을 찾지 못하고 있는 실정이다.

이제 유럽은 특히 심각한 인구 구조 변화를 경험하고 있다. 이에 대한 효과적인 정책적 대응이 시급히 요구되고 있다. 앞으로 유럽의 인구 문제가 어떻게 전개될지는 이들 국가가 얼마나 효과적으로 이 문제에 대응하느냐에 달려 있다. 일부 유럽 국가의 인구현황과 저출생 정책, 그리고 그 성과와 향후 계획을 살펴보기로 한다.

스웨덴
SWEDEN

1. 역사적 배경과 인구현황

　스웨덴은 저출생 문제에 직면한 유럽 국가들 중에서도 출산율 유지와 인구 증가를 성공적으로 이루어낸 대표적인 사례로 손꼽힌다. 이 나라는 수십 년 동안 가족을 지원하는 다양한 정책을 통해 인구 구조의 안정과 출생률을 유지해왔다. 특히 유럽 전반에 걸친 저출산과 고령화 추세 속에서 스웨덴의 성과는 주목받고 있다.

　스웨덴의 인구는 20세기 동안 큰 변화를 겪었다. 1900년대 초반에는 약 500만 명에 불과했던 인구가 1950년대 중반에는 700만 명을 넘어섰고, 21세기에 접어들면서 꾸준히 증가했다. 1990년대 초반에는 약 870만 명에 이르렀다. 하지만 1990년대 중반부터 출산율이 일시적으로 하락하며 인구 증가 속도가 둔화됐다. 이는 당시 스웨덴의 경제 불황과 사회적 변화로 인해 가족 형성이 지연되었기 때문으로 분석된다.

　그러나 2000년대 초반부터 인구가 다시 증가세로 돌아섰다. 1999년 스웨덴의 합계출산율(TFR)은 1.5명 수준으로 감소했지만, 이후 가족 정책 강화, 이민자 유입 등으로 2010년대에는 약 1.9명 수준까지 상승했다. 유럽연합(EU) 평균이 1.5명 이하인 것과 비교할 때, 스웨덴의 출산율은 상당히 안정적인 수준을 유지하고 있다. 이와 함께 이민자들의 유입이 인구 증가에 큰 기여를 했다. 2015년 난민 위기 당시 스웨덴은 유럽 내에서 가장 많은 난민을 받아들였으며, 이로 인해 인구가 더 빠르게 증가하게 되었다.

2024년 스웨덴의 인구는 약 1,100만 명에 이를 것으로 예상된다. 이는 2021년 약 1,040만 명에서 꾸준한 성장을 반영한 수치다. 2020년대에 들어서도 스웨덴의 출산율은 약 1.8명에서 1.9명 수준을 유지하고 있으며, 이는 유럽 평균보다 높은 수치다. 그러나 출산율만으로 인구 성장이 유지되는 것은 아니다. 이민자 유입 역시 중요한 요인으로 작용하고 있다. 현재 스웨덴 인구의 약 20%는 이민자 배경을 가지고 있으며, 이는 노동력 부족 문제 해결과 함께 경제 성장을 이끌고 있다. (Statistics Sweden 2024.09.09 기준)[18]

스웨덴 정부는 인구 증가와 고령화 문제를 해결하기 위해 더 나은 가족 지원 정책과 함께 이민 정책을 조율하고 있다. 스웨덴의 가족 지원 정책은 부모 휴가, 유연 근무제, 저렴한 보육 서비스 등을 포함하고 있어 특히 여성들의 경제 활동 참여율을 높이는 데 기여했다. 이러한 정책 덕분에 스웨덴의 여성 경제활동 참여율은 약 80%에 달해 유럽 내에서 가장 높은 수준을 기록하고 있다.

2. 스웨덴의 ECEC 정책의 차별성과 출산율

스웨덴은 1970년대 이후 출산율이 지속적으로 하락하면서, 정부가 저출생 문제를 해결하기 위한 다양한 정책을 도입했다. 그 중에서도 ECEC 정책은 출산과 자녀 양육을 장려하는 핵심 요소로 작용해왔다. 스웨덴의 합계출산율은 1990년대 초반에 최저 수준인 1.5명까지 떨어졌지만, 이후 ECEC 정책 강화와 함께 다시 상승세를 보였다. 2021년 기준, 스웨덴의 합계출산율은 약 1.66명으로, 이는 유럽연합(EU) 평균인 1.53명보다 높다.

스웨덴 ECEC 시스템의 주요 특징은 국가 주도의 보편적 서비스란 점이다. 스웨덴의 ECEC는 모든 아동에게 평등한 교육 기회를 제공하기 위해 설계되었다. 스웨덴에서는 만 1세부터 초등학교에 입학할 때까지 모든 아동이 유아교육 및 돌봄 서비스를 받을 권리가 있으며, 이는 국가 차원에서 보장된다. 부모들은 자녀가 만 1세가 되면 지역사회에서 제공하는 공립 또는 민간 보육시설에 자녀를 등록할 수 있으며, 보육 비용은 가정의 소득에 따라 차등적으로 부담한다.

2024년 기준, 1세~5세 사이의 아동 중 약 95%가 어떤 형태로든 ECEC에 참여하고 있다. 이는 세계에서 가장 높은 참여율이다. 특히 3세~5세 사이의 아동의 경우, 거의 모든 아동이 ECEC에 참여하고 있다. 3세 이상의 모든 아동은 연간 525시간의 무료 교육을 받을 수 있으며, 보육비는 소득에 따라 차등 부과된다. 첫 자녀에 대한 비용은 가구 소득의 최대 3%로 제한되며, 두 번째 자녀는 2%, 세 번째 자녀는 1%로 줄어든다.(Eurydice "Early childhood education and care"2023.11.27.참조)

또한 ECEC 정책은 여성의 노동 참여율을 높이는 데 중요한 역할을 했다. 2021년 기준, 스웨덴 여성의 노동 참여율은 약 80%에 달하며, 이는 EU 평균인 66%를 크게 상회하는 수치이다. 이처럼 높은 여성 노동 참여율은 가정의 경제적 안정성을 높이고, 부모들이 자녀를 더 많이 낳을 수 있는 여건을 조성하는 데 큰 역할을 담당했다.

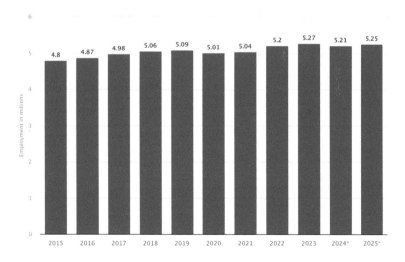

2015-2025 스웨덴 고용인구 단위:백만명(스웨덴 통계청)

3. 막스탁사(Maxtaxa)

　스웨덴 ECEC 시스템의 핵심 중 하나는 'Maxtaxa' 정책이다. Maxtaxa 정책은 비용부담 제한 정책이다. 즉 부모가 자녀의 ECEC 비용을 지불할 때 과도한 부담을 지지 않도록 지불할 금액을 가정의 소득에 비례하여 정한다. 이 정책은 2002년에 도입되었으며, 이후 스웨덴 가정의 경제적 부담을 완화하고 여성의 경제활동 참여를 촉진하는 데 중요한 역할을 하고 있다. 스웨덴 정부는 Maxtaxa 정책을 통해 모든 가정의 경제적 부담을 줄이고, 저소득층은 물론 중산층 가정도 공정한 비용으로 보육 혜택을 누릴 수 있도록 하고 있다.

　2024년 기준, 한 명의 자녀를 둔 가정이 지불해야 하는 ECEC 비용은 가계 소득의 최대 3%로 제한된다. 즉 2024년 기준으로는 자녀 한 명당 월 최대 1,572 SEK(스웨덴 크로나), 약 145 유로에 해당하는 금액이다.만약 둘째 자녀가 보육 시설을 이용한다면, 해당 자녀의 보육비는 첫 자녀 보육비의 70%로 책정된다. 즉, 두 번째 자녀는 월 945 SEK의 보육비를 지불하게 된다. 셋째 자녀부터는 보육비가 더 낮아져, 첫 자녀 보육비의 50%로 제한된다. 세 번째 자녀의 경우 월 675 SEK이다.

이 정책의 도입으로 보육비 부담이 크게 줄어들면서 여성의 경제활동 참여율이 크게 증가했다. 2024년 기준, 스웨덴 여성의 경제활동 참여율은 약 80%로, 이는 유럽 내에서 가장 높은 수준이다.[19] Maxtaxa는 양육과 경제활동 병행을 돕는 중요한 정책으로 자리 잡아, 더 많은 부모들이 자녀 양육 후에도 노동 시장에 적극적으로 복귀할 수 있게 되었다.

그뿐아니라 아동의 조기 교육 기회가 크게 확대되었다. Maxtaxa를 통해 모든 가정이 저렴한 보육비로 양질의 보육 시설을 이용할 수 있어, 사회적 배경에 따른 교육 기회의 격차가 크게 줄어들었다. 스웨덴의 어린이들은 만 1세부터 5세까지 정기적인 보육 서비스를 받을 수 있으며, 이는 아동의 사회적, 인지적 발달에도 큰 도움이 된다고 한다.

보육 인프라는 사회의 기능을 원활하게 하는 데에 필수요소이다(출처: Colourbox)

Maxtaxa는 사회적 통합에도 기여하고 있다. 이민자 가정 등 다양한 배경을 가진 가정들이 경제적 부담 없이 보육 서비스를 이용할 수 있게 하여, 스웨덴 사회에서 이들의 통합을 촉진하는 데 중요한 역할을 한다. 이민자 가정은 일반적으로 더 많은 자녀를 두는 경우가 많으며, Maxtaxa를 통해 스웨덴 사회의 구성원으로 빠르게 자리 잡을 수 있는 기반을 마련하게 된다.

Maxtaxa 정책은 2024년에도 성공적으로 운영되고 있으며, 스웨덴 사회의 전반적인 경제 성장과 사회적 통합을 이루는 데 기여하며, 많은 국가가 벤치마킹하는 대표적인 사례로 자리매김하고 있다.

4. 스웨덴의 육아휴직 제도 발전사와 "아빠할당제"

스웨덴의 공동 육아휴직 제도는 1974년 도입 이후 50년간 지속적으로 발전해왔다. 이 제도는 전 세계에서 가장 성평등적인 육아 정책 중 하나로 평가되며, 스웨덴 사회 내에서 부모의 역할을 재정립하는 데 중요한 역할을 해왔다. 스웨덴의 공동 육아휴직 제도는 사회적 인식 변화와 제도적 개혁을 통해 발전했으며, 그 과정에서 아버지의 육아 참여가 특히 주목할 만한 변화로 자리잡았다.

초창기, 아버지가 육아휴직을 사용하는 비율이 전체의 0.5%에 불과할 정도로 적었다. 당시만 해도 육아는 전적으로 어머니의 책임으로 여겨졌으며, 아버지의 육아 참여는 매우 드물었다. 그러나 스웨덴 정부는 이를 해결하기 위해 지속적으로 정책을 개혁해왔다. 스웨덴 정부는 남성성이 육아와 양립할 수 없다는 문화적 규범을 바꾸어 남성들이 이 제도의 혜택을 더 많이 받을 수 있도록 정책을 펼쳤다.

그 결과 1995년, 정부는 "아빠 할당제(daddy quota)"를 도입했다. 이것은 아빠만 사용할 수 있는 비양도성 휴직 기간이다. 아버지가 이 휴가를 사용하지 않으면 해당 기간은 소멸되었기 때문에 남성들에게 강력한 인센티브가 되었다. 초기 30일로 설정된 이 할당제는 2002년에 60일로, 2016년에는 90일로 연장되었다. 그 결과 남성의 육아휴직 참여 비율이 점차 증가했으며, 최근 데이터에 따르면 스웨덴에서 남성은 전체 육아휴직의 약 30%를 차지하게 되었다. (〈BBC뉴스 코리아〉2024.02.04. 참조)

스웨덴의 공동 육아휴직 제도의 또 다른 중요한 발전은 육아휴직의 유연성을 강화한 점이다. 부부는 육아휴직을 자녀가 유치원에 들어가기 전까지 번갈아 가며 사용할 수 있을 뿐만 아니라, 동시에 사용할 수도 있다. 더 나아가, 자녀가 4세에서 12세 사이에 사용할 수 있도록 96일을 적립해 둘 수 있어, 부모에게 더 많은 선택권을 부여하고 있다. 이 외에도 부모는 시간제 근무를 선택할 수 있는 법적 권리를 보장받으며, 근무하지 않는 시간에 대한 수당도 제공받는다. 이러한 유연성은 부모들이 육아와 직장 생활을 보다 쉽게 병행할 수 있도록 도와준다.

오늘날 스웨덴의 아버지 육아휴직 참여율은 EU 국가 중에서도 가장 높다. OECD 데이터에 따르면, 스웨덴에서 아버지가 육아휴직을 사용하는 비율은 지속적으로 증가하고 있으며, 2023년 스웨덴 사회보험조사국의 연구에 따르면 2017년에 자녀를 낳은 아버지 중 18%만이 육아휴직 수당을 한 번도 받지 않았다고 한다. 이는 스웨덴 사회에서 아버지가 육아휴직을 사용하는 것이 점점 더 당연한 일이 되고 있음을 보여준다. 이러한 변화는 직장 내에서도 영향을 미치고 있으며, 이제는 육아휴직을 사용하지 않는 아버지에게 사회적으로 낙인이 찍히는 분위기가 형성되었다.

그러나 한편에서는 육아휴직이 직장 내에서 완전히 문제없이 받아들여지지는 않는다는 점도지적도 있다. 육아휴직을 떠난 직원들의 업무를 다른 직원들이 감당해야 하는 부담이 여전히 존재하기 때문이다. 그러나 스웨덴에서 육아휴직 제도는 오랜 기간 동안 시행되어 왔고, 이미 직장 문화의 중요한 부분으로 자리잡았다.

자녀를 유치원에 데려다 주거나 아픈 자녀를 돌보는 등의 일도 지금은 부부가 함께 담당한다. 이로 인해 많은 기업에서 야근 문화나 부모가 늦게까지 일할 때 발생하는 보육 비용 부담이 줄어들었다. 이러한 변화는 특히 스웨덴의 산업계에 큰 영향을 미쳤으며, 다양성을 증진시키기 위한 노력을 강화하고 있다.

스웨덴의 육아휴직 제도는 전 세계적으로 성평등적인 육아 정책을 모색하는 국가나 기업들에게 중요한 모델로 자리잡았다. 이 제도는 성소수자, 입양 부모, 편부모 등 모든 부모에게 적용되며, 최대 480일까지 유급 육아휴직을 제공한다. 초기 390일 동안은 부모가 받던 급여의 80%를 지원받을 수 있으며, 이는 매우 관대한 수준이다. 이러한 관대한 정책은 부모의 경제적 부담을 줄이고, 육아와 직장 생활의 균형을 맞추는 데 중요한 역할을 하고 있다.

그러나 스웨덴의 육아휴직 제도가 이상적인 모델로 보일지라도, 모든 문제가 해결된 것은 아니다. 여전히 많은 이성애자 부부는 육아휴직 기간을 균등하게 나누지 않고 있으며, 제도의 효과가 완전하지 않다는 지적도 존재한다. 이러한 문제를 해결하기 위해서는 지속적인 사회적 인식 변화와 정책적 지원이 필요하다.

스웨덴의 공동 육아휴직 제도는 1960~70년대 여성 인권 운동의 영향을 크게 받았으며, 이를 통해 아버지가 가정 내 돌봄 업무에 더 많이 참여하고, 어머니가 직장에 더 빨리 복귀할 수 있도록 유도했다.

이 제도의 발전은 가정과 직장 모두에서 성평등을 증진시키는 중요한 역할을 했으며, 앞으로도 더 많은 국가들에게 교훈을 제공할 것이다.

2021년 기준, 한국 남성 육아휴직자가 전체의 20%대에 불과하다는 OECD 자료가 공개되었다. 이 자료에 따르면, 한국은 OECD 19개 국가 중 남성 육아휴직 사용 일수가 가장 적다. 제도적으로 한국 남성의 유급 육아휴직 기간은 연 52주로 OECD 국가 중 가장 길지만, 실제로 육아휴직을 사용하는 비율은 매우 저조한 상황이다.

국회입법조사처의 자료에 따르면, 한국에서 출생아 100명당 여성 21.4명이 육아휴직을 사용하는 반면, 남성은 단 1.3명에 불과하다. 이는 신생아 100명당 한국 아빠들의 육아휴직 사용이 1~2명에 그친다는 의미다. 반면, 스웨덴, 아이슬란드, 포르투갈 등 유럽의 복지국가에서는 남성 육아휴직자의 비율이 40%를 넘는다. 한국의 남성 육아휴직 비율은 이러한 국가들과 비교할 때 상당히 저조하다.[20]

한국에서 남성들이 육아휴직을 신청하지 않는 이유로는 경제적 부담과 사회적 인식이 꼽힌다. 육아휴직 기간 동안 통상임금의 80%를 육아휴직 급여로 지원받을 수 있지만, 상한액이 월 150만 원으로 제한되어 있으며, 이 중 25%는 직장 복귀 후 6개월이 지나야 지급된다. 이로 인해 육아 비용에 대한 부담이 커지고, 남성들의 육아휴직 신청을 주저하게 만든다. 또한, 한국은 성별 임금 격차가 31.1%로 OECD

국가 중 가장 큰 나라다. 여성의 임금이 남성에 비해 현저히 낮기 때문에, 부부 중 임금이 적은 여성들이 육아를 선택할 수밖에 없는 구조가 형성된다. 이에 더해, 남성 육아휴직에 대한 성 역할 고정관념과 직장 내 불이익에 대한 우려가 육아휴직 제도가 있음에도 불구하고 활용되지 못하는 이유가 되고 있다. (진보당 논평 "한국아빠도 육아휴직 하고 싶다" 2023.06.08. 참조)

16년전 총선 공약집에 '남성 육아휴직 할당제' '어린이 건강지원법' '육아휴직 급여 임금 100%'이란 단어들이 등장한 적이 있으나 여느 공약들처럼 소리없이 사라졌다. 2024년 22대 총선에서도 저출생 극복 관련 공약이 오르내리긴 했으나 아직은 미지수이다. 따라서 한국도 남성 육아휴직을 의무화하는 할당제가 필요하다. 차별적 문화를 줄이고, 경제적 지원을 충분히 제공함으로써 부모가 육아에 전념할 수 있는 환경을 조성해야 한다. 저출생 문제를 해결하기 위해서는 일시적인 혜택을 제공하는 것만으로는 충분하지 않다. 제도의 개선과 사회적 인식 변화가 필요하며, 이를 위해 국가의 역할이 강화되어야 한다. 정부는 평등한 육아휴직 급여를 보장하는 관점에서 제도를 개선하고, 강력한 아빠 육아휴직 할당제를 실시해야 한다. 아무쪼록 한국에도 '아빠 육아휴직 할당제'의 씨가 뿌려지고, 싹이 트고, 자라나기를 바랄 뿐이다.

핀란드
FINLAND

1. 역사적 배경과 인구현황

핀란드의 인구는 수세기에 걸쳐 중요한 변화를 겪어왔으며, 이는 역사적 사건, 경제적 발전, 그리고 사회적 변화에 의해 크게 영향을 받았다. 1750년 핀란드의 인구는 약 42만 명에 달했으며, 이후 자연 증가에 따라 인구가 꾸준히 증가했다. 19세기 초, 핀란드는 1808~1809년 핀란드 전쟁 이후 러시아 제국에 편입되면서 구 핀란드 지역이 합병되었고, 1811년에는 인구가 100만 명을 넘어섰다. 19세기 동안 농업 기술의 발달과 산업화로 인한 사망률 감소 등의 요인으로 인구는 계속 증가해, 1880년에는 200만 명에 도달했다.

20세기는 급속한 인구 성장과 정체기를 모두 경험한 시기였다. 1912년 핀란드의 인구는 300만 명을 돌파했으며, 1950년에는 400만 명을 기록했다. 그러나 두 차례의 세계대전은 인구 성장에 큰 영향을 미쳤다. 특히 제2차 세계대전 동안 핀란드는 많은 사망자와 이주 문제를 겪었다. 전쟁 이후 핀란드는 베이비붐을 경험하며 1991년에는 인구 500만 명을 돌파했다. 그러나 1990년대 이후 출생률 저하와 인구 고령화로 인해 인구 증가율은 크게 둔화되었다.(위키피디아)

핀란드는 현재 심각한 출생 저하 현상을 겪고 있으며, 이는 유럽 전반에서 공통적으로 나타나는 인구 문제 중 하나이다. 핀란드의 출산율은 수십 년 동안 지속적으로 감소해왔으며, 특히 21세기 들어 급격히 저하되었다. 1980년대에 핀란드의 출산율은 여성 1인당 약 1.7명이었으나, 2020년대에 이르러 출산율은 1.4명 이하로 떨어졌다.[21]

2023년 핀란드의 출산율은 여성 1인당 약 1.26명으로 세계에서 가장 낮은 국가 가운데 하나가 되었다. 핀란드의 출산율 감소 요인은 경제적 불확실성, 높은 생활비, 그리고 출산 시기의 지연 등이다. 핀란드의 많은 젊은 성인들이 경력 압박, 재정적 불안정, 주택 문제로 인해 출산을 미루고 있으며, 무자녀 비율이 증가하고 첫 자녀를 갖는 연령이 높아지면서 다자녀 가정이 줄어들고 있다.

이 문제를 해결하기 위해 핀란드는 출산율을 높이기 위한 여러 정책을 도입했다. 정부는 가족휴가 제도 개혁과 자녀를 둔 가정에 대한 재정 지원을 확대했지만, 여전히 기대했던 출산율 상승은 나타나지 않고 있다. 핀란드 가족 연맹은 사람들이 원하는 만큼의 자녀를 가질 수 있도록 지원해야 하며, 고용 기회 및 가족 지원 서비스와 같은 요인들도 개선해야 한다고 강조하고 있다. 또한 이민은 저출산으로 인한 인구 감소를 상쇄하는 중요한 역할을 해왔다. 특히 2024년 상반기의 이민은 핀란드의 인구 증가에 중요한 역할을 했다. 그러나 전문가들은 출산율 감소의 근본 원인을 해결하지 않고서는 이민만으로는 장기적으로 인구를 유지하는 데 충분하지 않을 것이라고 경고한다.(《헬싱키타임스》2024.09.10.)

2024년 8월 20일 기준으로 핀란드 총인구 수는 5,619,399명이다. 핀란드는 현재 심각한 저출생 문제에 직면해 있으며, 출산율은 지속적으로 감소하고 있다. 2020년 핀란드의 출산율은 여성 1인당 1.35명으로, 이는 인구를 유지하는 데 필요한 2.1명의 대체 출산율보다 훨씬 낮은 수치다.[22] 따라서 정책 입안자들은 가족 지원 개혁, 출산 상담, 그리고 젊은 세대가 더 일찍 가족을 꾸릴 수 있도록 일과 삶의 균형을 촉진하는 방안을 계속 모색하고 있다.

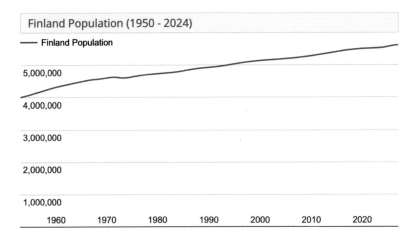

1950–2024 핀란드 인구변이(wordometers)

Year	Population	Yearly % Change	Yearly Change	Migrants (net)	Median Age	Fertility Rate	Density (P/Km²)	Urban Pop %	Urban Population	Country's Share of World Pop	World Population	Finland Global Rank
2024	5,617,310	0.29 %	16,125	26,894	43.0	1.29	18	86.4 %	4,853,952	0.07 %	8,161,972,572	117
2023	5,601,185	0.57 %	31,886	38,156	42.8	1.28	18	86.3 %	4,833,463	0.07 %	8,091,734,930	117
2022	5,569,299	0.51 %	28,224	60,353	42.5	1.32	18	86.4 %	4,812,849	0.07 %	8,021,407,192	117
2020	5,529,612	0.14 %	7,853	17,504	42.2	1.37	18	86.3 %	4,771,979	0.07 %	7,887,001,292	117
2015	5,479,717	0.43 %	23,273	12,655	41.5	1.65	18	85.3 %	4,672,016	0.07 %	7,470,491,872	116
2010	5,363,350	0.44 %	23,454	14,080	41.1	1.86	18	83.8 %	4,494,902	0.08 %	7,021,732,148	115
2005	5,246,082	0.27 %	13,976	9,251	39.9	1.80	17	83.1 %	4,359,902	0.08 %	6,586,970,132	113
2000	5,176,202	0.27 %	13,656	2,497	38.4	1.73	17	82.4 %	4,263,603	0.08 %	6,171,702,993	108
1995	5,107,922	0.48 %	24,269	4,325	36.9	1.81	17	81.1 %	4,144,501	0.09 %	5,758,878,982	104
1990	4,986,575	0.34 %	16,863	8,920	35.5	1.78	16	79.5 %	3,965,355	0.09 %	5,327,803,110	102
1985	4,902,261	0.51 %	24,582	2,416	33.7	1.64	16	75.9 %	3,723,107	0.10 %	4,868,943,465	99
1980	4,779,350	0.29 %	13,636	-2,212	31.8	1.63	16	71.9 %	3,434,445	0.11 %	4,447,606,236	97
1975	4,711,168	0.45 %	20,973	-3,807	29.6	1.68	16	67.9 %	3,200,789	0.12 %	4,070,735,277	92
1970	4,606,305	0.18 %	8,431	-36,579	28.6	1.82	15	63.8 %	2,938,251	0.12 %	3,694,683,794	87
1965	4,564,150	0.60 %	26,905	-21,731	27.6	2.48	15	59.7 %	2,725,527	0.14 %	3,334,533,703	76
1960	4,429,624	0.90 %	38,885	-9,489	27.4	2.72	15	55.4 %	2,451,895	0.15 %	3,015,470,894	78
1955	4,235,197	1.11 %	45,358	-2,741	26.9	2.93	14	49.2 %	2,082,406	0.15 %	2,740,213,792	76

1950~2100 핀란드 인구변이 전망(출처:wordometers)

핀란드 정부는 출산율 감소에 대응하기 위해 가족휴가 정책을 개편하고, 자녀가 있는 가정에 대한 재정적 지원을 확대했다. 부모가 자녀 양육을 위해 휴가를 나누어 사용할 수 있도록 가족휴가 제도를 개선했으며, 이는 부모가 특히 어머니가 자녀를 키우면서도 직장에 복귀할 수 있도록 돕고 있다. 또한, 자녀 양육을 위한 재정적 장려금을 지급하여 경제적 장벽을 줄이고 자녀를 더 많이 낳도록 유도하고 있다.

2.1 아동수당

핀란드의 출생 정책에서 가장 핵심적인 부분은 아동수당과 육아 지원 제도이다. 핀란드의 아동 수당 제도(lapsilisä)는 1948년에 도입되었다. 이 제도는 특히 제2차 세계대전 이후 경제적 불안 속에서 많은 자녀를 둔 가정의 부담을 덜기 위한 것이었다. 당시 핀란드는 대가족을 지원해야 했으며, 소득에 관계없이 모든 가정에 재정적 지원을 제공했다. 시간이 지나면서 진보적인 사회 복지 정책의 일환으로 자리잡게 되었다.

도입 초기의 목표는 자녀를 둔 가정이 기본적인 생활을 영위할 수 있게 하는 것으로 단순명료했다. 이후 핀란드 사회의 변화에 맞춰 발전하였으며, 1980년대와 1990년대에 이르러서는 핀란드의 강력한 복지국가 체제의 중요한 축이 되었다. 아동수당정책을 통해 아동 빈곤율이 줄었고, 일과 가정의 균형을 맞추려는 부모들에게 큰 도움을 주었다.

핀란드 사회보험기관(Kela)은 아동수당을 통해 핀란드 사회의 복지 시스템을 지원하고 있으며, 이 제도는 모든 부모들이 쉽게 접근할 수 있도록 설계되어 있다. Kela는 아동수당을 자동으로 지급하여 신청 과정에서의 복잡성을 최소화하고, 부모들이 필요한 지원을 놓치지 않도록 돕고 있다. 이를 통해 Kela는 아동 복지 증진을 위해 적극적으로 노력하고 있다.

2022년 기준으로 Kela는 약 56만 3천여 명의 부모에게 아동수당을 지급했으며, 이를 통해 100만 명 이상의 자녀들이 혜택을 받았다. 이러한 통계는 아동수당 제도가 핀란드 가족들에게 얼마나 중요한 역할을 하는지 잘 보여준다. 아동수당은 아이의 출생부터 성인에 이르기까지 지속적으로 지원되며, 경제적 부담을 줄이는 데 큰 기여를 하고 있다.

2024년의 주요 변화 중 하나는 다자녀 가정과 한부모 가정을 위한 아동수당 인상이다. 4명 이상의 자녀가 있는 가정은 추가로 자녀 한 명당 10유로를 더 받게 되며, 넷째 자녀에게는 월 173.24유로, 다섯째 자녀부터는 192.69유로를 지급하고 있다. 한부모 가정의 경우, 2024년부터 추가로 73.30유로의 보조금이 지급하고 있다. 한부모 가정의 수가 증가하고 있으며, 이들 중 많은 가정이 경제적 어려움을 겪고 있다는 점에서 보조금 상향조정은 긍정적인 반응을 이끌어냈다. 이 보조금은 공동 양육의 경우에도 적용되며, 부모가 결혼하지 않았거나 동거하지 않는 한 혜택을 받을 수 있다.

또한 3세 미만의 자녀에 대한 수당도 인상했다. 자녀 한 명당 추가로 26유로가 지급되며, 여러 명의 어린 자녀를 둔 가정은 더 높은 금액을 받을 수 있다. 예를 들어, 둘째 자녀에게는 130.84유로로, 셋째 자녀에게는 159.79유로로, 네 번째 자녀에게는 199.24유로가 지급되고 있다.[23]

2.2 출산휴가와 육아휴직 제도

핀란드의 출산휴가는 어머니들이 출산 전후에 사용할 수 있는 휴가로, 보통 약 4개월(105일) 동안 제공된다. 이 기간 동안 어머니는 정부로부터 출산수당을 지급받으며, 이 수당은 어머니의 이전 수입을 기준으로 산정된다. 출산수당은 보통 이전 급여의 약 70%를 기준으로 지급되며, 소득 수준에 따라 그 액수가 다를 수 있다. 이는 어머니가 출산으로 인한 경제적 손실 없이 자녀를 출산하고 양육할 수 있도록 하는 중요한 지원책이다.

출산휴가는 출산 예정일로부터 약 30~50일 전부터 시작할 수 있으며, 출산 후에도 약 3개월 동안 지속된다. 어머니는 신체적 상태와 개인적 상황에 맞춰 출산 전후의 휴가 기간을 자유롭게 나눠 사용할 수 있어, 보다 유연하게 휴가를 계획할 수 있다.

출산휴가가 종료된 후, 부모들은 추가적으로 육아휴직을 신청할 수 있다. 핀란드의 육아휴직 제도는 부모 모두에게 동등한 권리를 제공하며, 부모 중 한 명이 집에서 아이를 돌보는 데 집중할 수 있도록 보장한다. 이 휴직 기간은 부모가 최대 160일(약 6개월) 동안 사용할 수 있으며, 어머니와 아버지가 서로 나누어 휴직을 사용할 수 있다. 예를 들어, 어머니가 육아휴직의 절반을 사용한 후, 남은 기간 동안 아버지가 육아휴직을 사용하여 자녀를 돌보는 방식으로 이용할 수 있다.

부모가 육아휴직을 사용하는 동안에는 정부에서 육아휴직 수당이 지급된다. 이 수당 역시 부모의 이전 소득을 기준으로 산정되며, 평균적으로 이전 급여의 약 70%에 해당하는 금액이 지급된다.

2.3 육아휴직 후 직장 복귀 보장

핀란드는 육아휴직이 끝난 후 부모들이 원래의 직장으로 돌아갈 수 있도록 법적으로 보장하고 있다. 육아휴직을 사용한 부모는 원래 맡았던 직무 또는 동등한 수준의 직무로 복귀할 권리가 있으며, 이는 부모가 휴직을 사용하는 데 있어 직업적 불이익을 받지 않도록 보장하는 중요한 장치이다. 이를 통해 부모는 육아와 직업 생활 사이에서 균형을 유지할 수 있으며, 직업적 경력의 단절 없이 자녀를 돌볼 수 있는 환경을 조성한다.

육아휴직 외에도 부모들이 일과 육아를 병행할 수 있도록 유연근무제와 재택근무가 적극적으로 도입되어 있다. 많은 기업과 기관은 부모가 자녀 양육에 필요한 시간에 맞춰 근무시간을 조정하거나, 재택근무를 통해 직장에 나가지 않고도 업무를 수행할 수 있도록 허용하고 있다. 특히 핀란드의 공공 보육 서비스는 매우 높은 수준의 질을 자랑하며, 대부분의 가정은 자녀가 태어난 후 9개월부터 공공 또는 사립 보육시설을 이용할 수 있다. 이러한 공공 보육서비스는 부모가 직

장으로 복귀한 후에도 아이를 믿고 맡길 수 있도록 돕는 중요한 역할
을 한다.

2.4 아빠휴가(Paternity Leave)

핀란드의 아빠휴가 제도는 1990년대부터 꾸준히 발전해 왔다. 초기
에는 짧은 기간 동안만 아버지들에게 자녀 출산 후 휴가를 제공하였
으나, 시간이 흐르면서 아버지의 육아 참여 필요성이 점점 더 강조되
었다. 핀란드의 아빠휴가 제도는 아버지가 자녀 출생 후 일정 기간 동
안 휴직을 하고 자녀 양육에 전념할 수 있도록 보장하는 정책이다. 아
버지는 최대 54일(약 9주) 동안 아빠휴가를 사용할 수 있으며, 이는 자
녀가 태어난 직후부터 자녀가 2세가 되기 전까지 유연하게 사용할 수
있다. 이 기간 동안 이 기간 동안 아버지들은 정부로부터 이전 소득의
약 70%에 해당하는 급여를 받을 수 있다.

핀란드, 남성과 여성에게 동등한 유급 육아 휴가 제공 (CNBC 2020.02.05.)

또한, 아빠휴가는 부모가 함께 사용할 수 있는 육아휴직과 별도로 제공되며, 어머니가 출산휴가 또는 육아휴직을 사용하는 동안에도 아버지가 동시에 아빠휴가를 사용할 수 있다. 자녀가 2세가 되기 전까지 유연하게 사용할 수 있다. 아빠휴가를 사용하는 아버지의 비율은 지속적으로 증가하고 있다.

현재, 핀란드의 젊은 세대는 아빠휴가를 사용하는 것을 당연하게 생각하는 인식이 확고해졌다. 과거에 비해 점점 더 많은 아버지들이 아빠휴가를 신청하고 있다. 특히 젊은 세대는 일과 가정의 균형을 중요시하고, 가정 내 역할 분담에 있어서 성평등 인식이 강화되고 있다.

핀란드의 아빠휴가 제도는 성공적인 정책으로 평가받고 있지만, 여전히 해결해야 할 과제도 남아 있다. 일부 기업에서는 아버지의 아빠휴가 사용을 장려하지 않거나, 아버지들이 직장 내 문화적 압박을 느껴 휴가 사용을 주저하는 경우가 있다. 또한, 아빠휴가와 관련된 정보 제공이 충분하지 않은 경우도 있어, 아버지들이 자신에게 주어진 권리를 충분히 인지하지 못하는 경우도 발생하고 있다.

2.5 핀란드 교회와 오픈데이케어(Open Daycare)

핀란드 교회는 정부의 복지 체계의 일부로도 인식되고 있다. 핀란드 복음 루터교회는 핀란드 인구의 약 70%가 속해 있으며, 다양한 사회 복지 활동에 참여하고 있다. 특히 ECEC와 밀접하게 연계되어 있다.

핀란드 교회는 ECEC의 일부로 오픈데이케어(Open Day Care) 프로그램을 통해 중요한 사회적 역할을 수행하고 있다. 이 프로그램은 교회가 제공하는 비공식적인 교육 및 보육 활동으로, 아동과 부모가 함께 참여할 수 있는 기회를 제공한다. 놀이와 학습을 통해 아이들은 사회성을 익히고 정서적으로도 안정된다.[24]

다민족 아이돌봄 (출처:핀란드 지역 언론매체 FOREIGNERS)

미취학 자녀를 부모가 집에서 돌보는 경우, 오픈데이케어는 큰 도움이 된다. 이 프로그램을 통해 부모들은 다른 부모들과 교류하며 육아에 관한 조언을 나누기도 한다. 또한, 교회는 이러한 프로그램을 통해 외국인 부모들도 쉽게 지역 사회에 적응할 수 있도록 돕고 있다. 그뿐아니라 책과 장난감, 요리 수업, 파티, 체육 활동, 음악 활동 등 다양한 무료 서비스가 제공된다. 때로는 외부 기관의 인사를 초청하여 아동 발달과 관련된 유익한 정보를 부모들에게 제공하기도 한다. 외국인 부모들에겐 핀란드어 수업도 무료로 제공된다. 이를통해 외국인 가정들이 핀란드 사회에 쉽게 통합되고, 지지적인 공동체의 일원이 된다.

오픈 어린이집은 보통 매주 월요일부터 금요일까지, 오전 9시 또는 10시부터 오후 3시 또는 4시까지 운영된다.(ForeifnersFinland)

노르웨이
NORWAY

1. 역사적 배경과 인구현황

노르웨이는 유럽의 북부에 위치한 작은 국가이다. 1801년 노르웨이의 인구는 약 88만 명에 불과했으나, 산업화와 도시화의 물결을 타고 급격한 인구 성장이 이루어졌다. 이후 1900년에는 인구가 약 230만 명에 이르렀고, 이는 약 한 세기 동안 두 배 이상의 성장을 기록한 것이다. 이러한 인구 성장은 농업에서 해양산업, 어업, 상업으로 경제 구조가 변화했기 때문이다.

20세기 초반까지만 해도 노르웨이 인구 증가율은 제법 높았다. 그러나 1960년대 이후 노르웨이 역시 대다수 유럽 국가들과 마찬가지로 출산율이 점차 하락하기 시작했다. 1970년대 중반에는 합계출산율이 2.1명 이하로 떨어지며, 자연적인 인구 성장이 둔화되기 시작했다.

2024년 현재 노르웨이의 인구는 약 558만 명이다. 최근 몇 년간 노르웨이의 인구 성장률은 서서히 둔화되더니 연간 인구 성장률은 0.84%에 머물게 되었다. 이것은 과거와 비교하면 상당히 낮은 수치이다. 현재 노르웨이의 합계출산율은 1.4명으로, 인구 대체 수준인 2.1명에 크게 미치지 못하고 있다.

노르웨이 통계청에 따르면, 2040년에는 65세 이상 고령 인구가 20세 이하 젊은 인구를 초과할 것으로 전망된다. 그나마 노르웨이의 인구를 유지하는 요인 가운데 하나는 이민이다. 현재 인구의 약 16%는 이민자들로 구성되어 있으며, 이들 중 다수는 폴란드, 리투아니아, 스웨덴과 같은 주변 국가로부터 유입되었다.

이민을 포함한 인구 증가 추세에도 불구하고, 노르웨이의 장기적인 인구 전망은 그리 밝지 않다.CIA World Factbook(미국 중앙정보국(CIA)에서 발행하는 전 세계 국가들에 대한 다양한 정보를 제공하는 연례 간행물로 전 세계 각국의 지리, 인구, 경제, 군사, 정부 등 광범위한 분야에 대한 최신 데이터를 담고 있다.)에 따르면, 현재의 인구 성장률이 유지된다면 2060년까지 노르웨이 인구는 약 703만 명에 이를 것으로 추정된다. 그러나 이 성장률은 향후 점차 감소할 것으로 보이며, 특히 2050년경에는 인구 성장률이 0.58%로 떨어질 것으로 예상된다.

노르웨이 정부는 이러한 인구학적 변화에 대응하기 위해 여러 정책을 시행하고 있다. 특히 출산율을 높이기 위한 다양한 사회적 지원 정책이 도입되었다. 육아 휴가, 보육 지원, 일과 가정의 균형을 지원하는 제도들은 여성들이 가정과 직장을 병행할 수 있는 환경을 조성하는 데 목적을 두고 있다. 이러한 노력은 어느 정도 효과를 거두었지만, 출산율은 여전히 낮은 상태다.

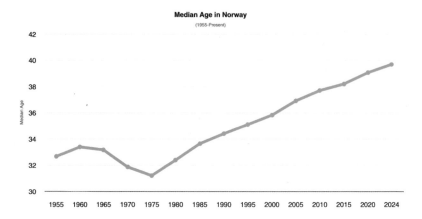

중이 연령(총인구를 연령순으로 나열할 때 정중앙에 있는 사람의 해당 연령)의 변이(worldometers)

2. 그럼에도 불구하고 인구가 증가하는 이유는?

2.1 이민 정책

노르웨이는 저출생 문제 해결 방안 중 하나는 이민 정책이다. 1990년대부터 노르웨이는 다양한 국가에서 이민자들을 적극적으로 받아들였다. 2021년 기준, 노르웨이 인구의 약 15%가 이민자들이다.

이민정책은 노르웨이 노동 시장에도 긍정적인 영향을 미쳤다. 이민자들은 건설업, 서비스업, 해양 산업 등 다양한 분야에서 중요한 노동력을 제공하며, 경제 성장에 기여하고 있다. 특히, 노르웨이의 고령화로 인해 줄어든 노동력을 보충하는 역할을 하면서, 이민자들은 경제 전반에 활력을 불어넣고 있다. 이는 특히 저숙련 노동자들이 부족한 산업에서 두드러지며, 이민자들은 다양한 경제 부문에서 중요한 역할을 맡고 있다.

노르웨이 정부는 다양한 통합 프로그램을 운영하고 있다. 이 프로그램들은 언어 교육, 직업 훈련, 문화 적응 지원 등을 포함하며, 이민자들이 노르웨이 사회에서 자신의 역량을 발휘할 수 있도록 돕는다. 그러나 여전히 일부 이민자들이 겪는 사회적 차별이나 문화적 충돌 문제는 해결해야 할 과제로 남아 있다.

이민은 노르웨이 인구 증가와 경제적 활력을 유지하는 데 중요한 역할을 할 것으로 전망된다. 2060년까지 노르웨이 인구가 700만 명을 넘을 것으로 예상되며, 이는 이민자들의 지속적인 유입에 크게 의존할 것으로 보인다

2.2 육아휴직

노르웨이의 육아휴직 제도는 1977년 처음 도입되었다. 초창기에는 육아휴직이 주로 여성에게 집중되어 있었다. 그러나 1993년, '아빠 할당제'(father's quota)'를 도입하면서 아버지에게도 일정 기간의 육아휴직을 의무적으로 할당하기 시작했다. 2009년에는 아빠 할당제가 10주로 늘어났고, 2018년에는 15주로 확대되었다. 이 기간 동안의 급여는 100% 또는 부모가 선택한 기간에 따라 80%로 지급되었다.

노르웨이의 육아 휴직은 매우 관대하다. 출산 후 최대 49주간 급여의 100%를 받거나, 59주간 80%의 급여를 받으며 육아 휴가를 사용할 수 있다. 이 중 15주는 '아빠 할당제'(father's quota)로 아버지가 해당 기간 동안 육아 휴직을 사용하지 않으면, 그 기간은 사라진다. 즉 엄마가 대신 사용할 수 없다. 부모 모두를 육아에 참여하도록 유도하기 위한 정책의 일환이다.

아빠 할당제 도입 이후, 남성의 육아휴직 사용률은 지속적으로 증가해왔다. 도입 초기 남성들의 참여율은 낮았으나, 현재는 아버지들의 70% 이상이 육아휴직을 사용하고 있다. 이는 남성들이 가정 내에서 육아와 가사에 더 적극적으로 참여하게 만드는 중요한 촉매 역할을 했다.[25]

현재 노르웨이의 육아휴직 제도는 부모에게 두 가지 옵션을 제시한다. 즉 49주 동안 100%의 급여를 받을지, 59주 동안 80%의 급여를 받을지 선택할 수 있다. 이 외에도 임산부는 출산 전과 출산 후 총 9주간의 의무 휴직이 주어지며, 남은 기간을 부모가 협의하여 사용할 수 있다.[26]

2024년에도 노르웨이 정부는 육아휴직 제도를 지속적으로 지원하며, 성평등과 가족 복지를 강화하는 정책을 이어가고 있다. 그러나 출산율은 여전히 낮은 상태로, 정부는 출산율 회복을 위한 추가적인 정책 지원과 이민 정책을 함께 추진하고 있다.

2.3 보육지원
(ECEC와 소득기반 보육비 차등제)

노르웨이의 유아교육 및 돌봄 서비스(Early Childhood Education and Care, ECEC)는 전 세계에서 모범적인 체계를 갖춘 것으로 평가받고 있다. 2021년 기준, 만 1세에서 5세 사이의 노르웨이 아동 중 약 97%가 ECEC 시설을 이용하고 있으며, 3세에서 5세 사이의 아동 참여율은 거의 100%에 이른다. 이처럼 높은 참여율은 노르웨이 정부의 적극적인 ECEC 지원 정책 덕분에 가능했다. 이는 단순히 자녀를 돌보는 서비스를 넘어, 아이들의 발달을 돕고 사회적 능력을 키워주는 중요한 과정으로 자리 잡았다.

보육비는 가정의 소득에 따라 차등적으로 책정한다. 2021년 기준으로, 가정이 부담하는 보육비는 최대 월 3,230크로나(약 370달러)이며, 저소득 가정의 경우 거의 보육비를 부담하지 않는다.

ECEC는 노르웨이의 출산율 유지와 인구 증가에 중요한 역할을 하고 있다. 노르웨이는 저출산 문제를 해결하기 위한 다양한 복지 정책을 시행하고 있으며, 그 중에서도 보육과 유아교육은 핵심 정책으로 자리 잡았다. 아이를 낳고 키우는 과정에서 부담을 줄이고, 가정이 경제 활동에 참여할 수 있는 환경을 조성함으로써, 출산율 유지와 노동력 확보에 기여하고 있다. 이처럼 경제적 부담을 줄이면서도 높은 질의 보육 서비스를 제공하는 체계는 부모들에게 큰 도움이 되고 있다.(Norway Population 2024)

노르웨이 정부는 ECEC의 질 향상을 위해 많은 노력을 기울이고 있다. 특히 교사들의 교육 수준을 높이고, 보육 시설을 개선하는 데 지속적으로 투자하고 있다. 노르웨이의 보육교사들은 높은 수준의 교육을 받으며, 아이들의 안전과 발달을 최우선으로 고려하여 보육 과정을 운영한다. 이러한 높은 교사 수준과 시설의 질은 아이들이 안전하고 건강하게 자라날 수 있는 환경을 제공하며, 부모들을 안심시킨다.

향후 노르웨이의 ECEC 시스템은 더욱 발전할 것으로 보인다. 정부는 더 나은 보육 환경을 조성하기 위해 추가적인 예산을 투입하고, 교사들의 전문성을 더욱 강화할 예정이다. 특히, 저출생 문제 해결을 위한 정책으로서 ECEC의 역할이 더욱 강조될 것으로 예상되며, 이를 통해 노동력 참여율을 높이고 경제 성장을 지속할 수 있는 기반을 다질 것이다.

2.4 자녀수당

노르웨이는 인구 증가와 출산율 유지를 위한 다양한 정책을 시행하며, 북유럽 국가들 중에서도 독특한 복지 체계를 유지해 왔다. 그중에서도 자녀수당(Child Benefit) 제도는 가정에 경제적 지원을 제공하는 핵심적인 정책이다. 이 정책은 모든 가정에 자녀 수에 따라 보조금을 지급하며, 특히 자녀가 많을수록 더 큰 혜택을 주어, 가정이 자녀를 키우는 부담을 줄이고 출산을 장려하는 중요한 역할을 하고 있다.

노르웨이의 자녀수당 정책은 1946년에 처음 도입되었다. 당시 자녀수당은 사회적 복지의 일환으로 시작되었으며, 출산율 증가와 아이를 키우는 가정에 경제적 부담을 덜어주기 위한 목적으로 설계되었다. 처음에는 저소득층 가정을 대상으로 했지만, 시간이 지나면서 모든 가정이 혜택을 받을 수 있도록 확장되었다. 이 정책은 경제적 계층에 상관없이 모든 가정이 자녀 양육에 필요한 비용을 보조받을 수 있도록 하여, 사회적 평등을 촉진하는 데 기여했다.

1970년대 이후, 노르웨이의 인구정책은 경제 성장을 촉진하고 노동력 부족 문제를 해결하는 방향으로 진화했다. 자녀수당 제도는 이러한 정책의 중심에 있었으며, 출산율이 낮아지면서 정부는 가정의 경제적 부담을 줄이고, 부모가 일을 하면서도 자녀를 양육할 수 있는 환경을 조성하는 데 주력했다.

2024년 현재, 노르웨이의 자녀수당은 모든 가정에 기본적으로 지급되며, 자녀의 수에 따라 추가적인 보조금을 지급하는 방식으로 운영되고 있다. 2021년 기준으로 첫 번째 자녀에게는 매달 1,054크로나(약 120달러)를 지급하며, 두 번째 자녀부터는 금액이 점진적으로 증가해 세 번째 자녀는 약 3,762크로나(약 430달러)를 받을 수 있다. 이 보조금은 자녀가 18세가 될 때까지 매달 지급되며, 가정의 경제적 부담을 크게 덜어준다.

이 정책의 중요한 특징은 소득에 상관없이 모든 가정이 동일한 혜택을 받는다는 점이다. 이를 통해 자녀 양육에 있어 경제적 격차를 줄이고, 출산율을 유지하기 위한 효과적인 수단으로 작용하고 있다. 특히 다자녀 가정에 대한 보너스 지급은 노르웨이의 출산율을 장려하는 중요한 동기로 작용하고 있다.

2024년 기준, 노르웨이의 자녀수당 정책은 여전히 모든 가정에 기본적인 재정 지원을 제공하며, 자녀 수에 따라 추가적인 지원을 제공하고 있다. 2021년 통계에 따르면, 첫 번째 자녀에게는 매달 약1,054크로나(약 120달러)의 기본 수당이 지급되며, 두 번째 자녀부터는 추가적인 수당이 지급된다. 세 번째 자녀부터는 약3,762크로나(약 430달러)를 지원받을 수 있다(World Population Review).

이 수당은 자녀가 18세가 될 때까지 매달 지급되며, 저소득 가정을 포함한 모든 가정이 동일하게 혜택을 받는다.

이렇듯 노르웨이의 자녀수당 정책은 출산율 유지와 인구 증가를 위한 핵심 정책으로 자리 잡고 있다. 그러나 저출생과 고령화 문제는 여전히 심각한 도전 과제로 남아 있으며, 이러한 문제를 해결하기 위해서는 자녀수당 제도의 확대와 더불어 다른 사회적 지원 정책과의 연계가 필요하다. 앞으로 노르웨이 정부는 자녀수당 외에도 보육 지원, 부모 휴가 제도 강화, 그리고 여성의 노동시장 참여를 촉진하는 정책을 더욱 확대할 것으로 예상된다. 또한, 경제적 불확실성 속에서 자녀수당이 사회적 안전망으로서 더욱 중요해질 가능성도 크다. 가정의 경제적 안정을 돕고, 동시에 출산율을 유지하는 정책으로 자녀수당이 지속적으로 발전하고 개선될 것으로 전망된다.

루터교는 오랜 기간 동안 노르웨이의 공식 국교였다. 2017년에는 국가와 교회의 분리가 공식적으로 이루어졌지만, 여전히 노르웨이에서 가장 큰 영향력을 발휘하고 있다. 현재 노르웨이 인구의 약 70%가 교회 구성원으로 등록되어 있으며, 주요한 종교 행사, 예식(세례, 결혼식, 장례식 등)을 담당하고 있다.

역사적으로 노르웨이 교회는 19세기와 20세기 초반에 도덕 및 종교 교육에 중점을 둔 많은 학교와 유치원을 운영하며 교육과 돌봄에서 중요한 역할을 했다. 그러나 2017년 교회와 국가가 분리된 이후, ECEC에서 교회의 직접적인 참여는 줄어들었으며, 교육과 돌봄의 주요 책임은 공공 부문이 맡게 되었다. 그래서 지금은 유아교육 및 돌봄에서의 간접적인 역할만 하고 있다. 또 일부 교회나 기독교 단체에서는 사립 유치원만 운영하고 있다.[27]

CNE 2023.02.11.기사 (Photo EPA, Grzegorz Michalowski)

즉 노르웨이의 교회는 직접적으로 유아교육 및 돌봄 서비스(ECEC)를 운영하지는 않는다. 대신, 노르웨이 교회는 사회적 복지 및 커뮤니티 지원의 일환으로 지역 사회 통합 프로그램이나 가족 지원 활동을 운영하고 있다. 그렇지만 이러한 가운데서도 일부 교회와 기독교 단체에서는 사립 유치원과 어린이집을 운영하고 있다.

그러나 2024년 1월 1일부터 시행된 새로운 유치원법은 이들 유치원에 큰 변화를 요구했다. 그 중에서도 가장 큰 변화는 유치원들이 개별적인 법적 주체로 등록되고, 자체적인 법인체를 설립해야 한다는 것이다. 이 규정은 공립 및 사립 유치원을 모두 대상으로 하지만, 특히 교회가 운영하는 유치원들에게는 큰 부담이 되었다.

새롭게 도입된 유치원법의 주요 목적은 유치원 운영의 투명성을 높이고, 재정 관리에서의 독립성을 강화하는 것이다. 이 법에 따르면 모든 유치원은 법적으로 독립된 주체로서 등록되어야 하고, 필요에 따라 주식회사를 설립해야 한다. 그러나 이 법안이 교회 유치원에 적용되면서 예상치 못한 부작용이 발생했다. 교회 유치원은 전통적으로 교구 소속으로 운영되며, 교구를 통해 필요한 자금을 조달하는 시스템이었다. 하지만 새로운 법안에 따르면, 유치원이 개별 법적 주체로 등록되지 않으면 은행 대출 등의 재정적 지원을 받을 수 없는 상황이 되었다. 교구만이 은행에서 자금을 빌릴 수 있는 법적 주체였기 때문이다. 이러한 변화는 유치원 운영의 안정성을 크게 위협하며, 일부 유치원은 심지어 폐쇄 위기에 놓였다.

이러한 법적 요구 사항은 교회 유치원들에게 큰 불안을 안겨주었다. 전통적으로 비영리적인 목적으로 운영되던 교회 유치원들은 갑작스러운 법적 변화에 적응하기 어려워했고, 재정적 압박까지 더해지면서 더 많은 문제를 야기했다. 이 상황에서 교회 유치원들은 정부의 새로운 규정에 따를 수 없는 현실적인 한계를 설명하며 예외를 요청했다. 교육부 장관 톤예 브레나는 이러한 문제를 인식하고, 교회 유치원들이 직면한 어려움을 해결하기 위해 법적 예외를 제안했다.

브레나 장관은 Vårt Land와의 인터뷰에서 "교회 유치원들이 개별 법적 주체로 전환하는 것이 현실적으로 어렵다는 점을 인정한다"[28]고 밝히며, 이들에 대해 개별 법적 주체 등록 요구를 면제하는 방안을 제안했다. 이는 교회 유치원들이 기존의 방식대로 교구를 통해 재정적 지원을 받을 수 있도록 허용하는 예외 조치이다.

그러나 이러한 예외 조치를 시행하기 위해서는 법 개정이 필요하다. Brenna 장관은 법적 예외를 만들기 위해서는 공청회와 국회 통과가 필요하다는 점을 인정하며, 가능한 한 신속하게 법을 변경할 것을 약속했다. 이는 노르웨이에서 교회가 운영하는 유치원이 사회적으로 중요한 역할을 하고 있음을 인정하는 동시에, 정부가 법적 규제와 실질적인 운영 현실 사이의 균형을 맞추려는 노력의 일환이다.

노르웨이에서 크리스천 사립 유치원이 공립 유치원보다 더 큰 인기를 끌고 있다는 사실은 최근 설문 조사 결과에서 잘 드러난다. 부모들은 자녀가 다니는 유치원에 점수를 매겼고, 그 결과 사립 유치원, 특히 기독교 유치원들이 매우 높은 평가를 받았다. 교육의 방향성과 부모들이 추구하는 가치가 유치원과 얼마나 일치하는가에 대한 평가결과인 것이다.

기독교 유치원들은 특히 부모들로부터 높은 지지를 받고 있다. 설문 조사에서 두 곳의 기독교 유치원이 5점 만점에 5점을 받았으며, 다른 8곳도 거의 만점에 가까운 4.9점을 기록했다. 이는 노르웨이 교육부(교육부 Udir)가 매년 진행하는 설문 조사로, 3,100개의 유치원이 참여했다. 그 중 1,422개가 사립 유치원이었으며, 이들 중 많은 수가 높은 평가를 받은 것이다.[29]

기독교 유치원들이 특별히 부모들로부터 많은 지지를 받는 이유는 여러 가지다. 먼저, 기독교 유치원 상위 10곳 중 7곳이 노르웨이 교회 산하에 있으며, 이들 유치원들은 부모의 참여와 아이들의 성인과의 관계, 등하원 절차, 그리고 학교 생활 적응에서 매우 우수한 평가를 받았다. 교회 교육 센터(IKO)에 속한 유치원들은 이러한 영역에서 특히 뛰어나다는 평가를 받고 있다. 이는 단순히 학문적인 교육을 넘어서, 유치원에서 제공하는 돌봄과 정서적 안정, 그리고 부모와의 긴밀한 협력 관계가 중요하다는 것을 의미한다.

또한 기독교 유치원이 인기를 끄는 또 다른 이유는 사회적으로 논란이 될 수 있는 주제에 대해 부모들과 같은 입장을 유지한다는 점이다. 예를 들어, 이들 유치원은 성소수자 축제인 프라이드 행사에 참여하지 않는다. 이는 일부 부모들이 유치원을 선택할 때 중요한 요소가 된다. Regnbuen Barnehage의 원장인 Irene Bekkvik는 "부모들은 자신들과 같은 성별 및 가족관을 가진 유치원에 아이들을 보내길 원합니다"[30]라고 설명했다. 즉, 많은 부모들이 자신의 가치관과 일치하는 교육 환경을 찾고 있으며, 기독교 유치원들이 그러한 요구를 충족시키고 있다는 것이다.

하지만 기독교 유치원이 전국적으로 차지하는 비율에 비해 상위 리스트에서 과소 대표되고 있다는 지적도 있다. Verdinytt는 기독교 유치원이 전체 유치원 중 4.47%를 차지하고 있지만, 상위 목록에서는 2.6%만을 차지하고 있다고 밝혔다. 이는 기독교 유치원이 상위 평가를 받았음에도 불구하고, 여전히 일부 평가 항목에서 충분히 반영되지 않았다는 점을 시사한다.

그럼에도 불구하고, 사립 유치원들이 공립 유치원보다 일반적으로 높은 점수를 받는다는 점은 부정할 수 없다.

"노르웨이 루터교 선교 협회(Norwegian Lutheran Missionary Association) 소속 한 헤럴드 브라인스타인은 사립 유치원이 공립 유치원보다 더 좋은 평가를 받는 것은 흔한 일이라고 지적했다. 그러나 그는 이러한 결과가 항상 일관되지는 않을 수 있으며, 경우에 따라서는 결과가 다소 무작위적일 수 있다고 언급했다. 이는 어린이 그룹 간의 차이와 설문 조사 응답자의 성향에 따라 결과가 달라질 수 있기 때문이다."(Christian Network in Europe 2023.03.13. 기사참조)

공립유치원보다 크리스천 유치원을 선호하는 노르웨이 부모들(출처:CNE 2023.03.14.)

결론적으로, 노르웨이 부모들이 사립 유치원, 특히 기독교 유치원을 선호하는 경향은 매우 뚜렷하다. 이는 유치원의 교육 철학과 가치관이 부모의 기대와 일치하는 부분이 크기 때문이다. 또한 부모들이 자녀의 전인적 발달을 중시하고, 그 과정에서의 신뢰할 수 있는 관계형성과 정서적 지지를 중요하게 생각하는 만큼, 기독교 유치원들이 이러한 요구를 충족시키고 있다는 점에서 높은 평가를 받고 있는 것으로 보인다.

덴마크
DENMARK

1. 역사적 배경과 인구현황

덴마크는 북유럽의 작은 국가로, 역사적으로 인구 변동을 거쳐 현재는 안정적인 인구 증가를 보이고 있다. 2024년 기준 덴마크의 인구는 약 598만 명에 이르며, 연간 약 0.49%의 완만한 성장률을 보이고 있다. 이러한 인구 증가의 배경에는 다양한 경제적, 사회적 요인과 더불어 이민자의 유입이 중요한 역할을 하고 있다.

덴마크의 인구는 19세기 산업화 시기와 맞물려 급격히 증가하기 시작했다. 1800년대 중반까지만 해도 덴마크는 농업 중심의 경제 구조를 가지고 있었으나, 산업화와 함께 도시화가 진행되면서 인구 증가가 촉진되었다. 20세기 초반에는 세계 대전과 경제 대공황 등 외부적 요인으로 인구 증가율이 다소 완만해졌으나, 전쟁 후 복지 국가로서의 체계를 확립한 이후 인구는 꾸준히 증가했다. 1960년대 덴마크 인구는 약 460만 명으로 기록되었고, 2000년대 초반에는 약 530만 명으로 증가했다.

21세기 들어 덴마크는 안정적인 경제 성장과 더불어 출산율과 이민 유입으로 인구가 증가하는 추세를 보였다. 이민자의 유입은 인구 증가에 중요한 역할을 했으며, 특히 2015년 유럽 난민 사태 이후 이민자의 비율이 크게 증가했다. 이러한 이민 정책은 덴마크 노동 시장과 경제에 중요한 역할을 하고 있으며, 이로 인해 인구 구조도 점차 다문화적으로 변화하고 있다.

2024년 현재 덴마크의 인구는 약 5,977,412명에 이르며, 인구 밀도는 1km²당 141명으로 기록되고 있다. 덴마크는 도시화가 높은 국가로, 전체 인구의 약 87.3%가 도시에 거주하고 있으며, 코펜하겐은 인구 115만 명으로 가장 큰 도시이다.

덴마크의 인구 구조는 고령화가 진행 중이며, 평균 연령은 약 41.3세이다. 출산율은 1.5명으로, 인구 대체 수준인 2.1명에 미치지 못하고 있다. 이로 인해 장기적으로는 자연 인구 감소가 예상되지만, 이민자의 유입이 인구 성장을 보완하고 있다. 또한, 덴마크의 평균 수명은 약 82.1세로, 의료 및 복지 시스템의 우수성을 반영한다.

덴마크는 역사적으로 산업화와 도시화 과정에서 인구가 꾸준히 증가해 왔으나 최근 몇 년간은 이민 정책과 경제 성장이 인구 증가에 중요한 역할을 하고 있다. 그러나 낮은 출산율과 고령화 문제는 덴마크가 앞으로 해결해야 할 과제로 남아 있다.

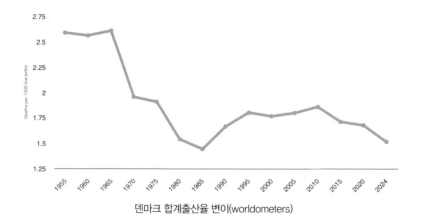

덴마크 합계출산율 변이(worldometers)

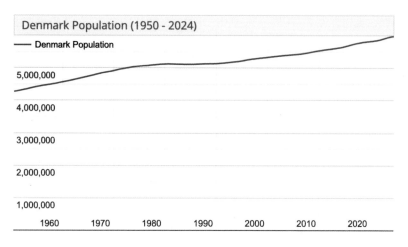

1950-2024 덴마크 인구변이

　덴마크는 유럽의 많은 국가들과 마찬가지로 저출산 문제에 직면해 있으며, 이를 해결하기 위해 다양한 인구정책을 시행하고 있다. 출산율이 인구 대체율에 미치지 못하는 상황에서, 덴마크 정부는 가정의 경제적 부담을 줄이고, 출산과 육아를 지원하는 여러 제도를 도입해 인구 감소를 방지하고 있다. 이 에세이에서는 덴마크의 저출산 문제의 배경과 이를 해결하기 위한 인구 정책의 사례를 살펴본다.

　덴마크의 출산율은 2024년 기준 여성 1인당 1.5명으로, 인구 대체율인 2.1명에 훨씬 미치지 못하고 있다.

　Worldometer(실시간 세계인구 확인가능 사이트)에 의하면 덴마크의 출산율은 2024년 기준 여성 1인당 1.5명으로, 인구 대체율인 2.1명에 훨씬 미치지 못하고 있다. 이는 자연 인구 감소로 이어질 수 있는 심각한 문제로, 노동력 부족과 고령화 문제를 가중시킬 수 있다. 이러한 저출산 문제는 경제적 불안정, 주거 문제, 일과 가정의 균형 문제 등 복합적인 요인으로 인해 발생한다. 특히, 많은 부모들이 자녀 양육에 드는 비용과 시간이 너무 크다고 느껴 출산을 미루거나 포기하는 경향이 있다. 덴마크는 이러한 문제를 해결하기 위해 다양한 가족 복지 정책과 출산 장려 정책을 시행하고 있다.

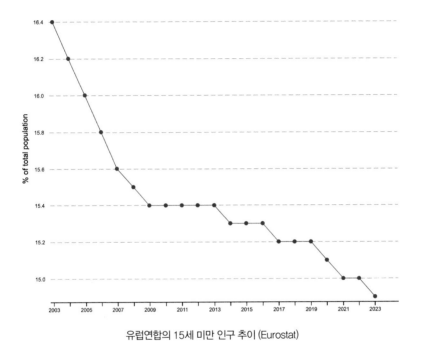

유럽연합의 15세 미만 인구 추이 (Eurostat)

2. 덴마크의 자녀수당 정책

덴마크는 유럽에서 저출산 문제에 가장 적극적으로 대응해 온 국가 중 하나로, 자녀수당(Child Benefit) 정책을 통해 가정의 경제적 부담을 덜어주고 출산율을 유지하는 데 기여해 왔다. 이 정책은 덴마크의 복지 체계에서 중요한 역할을 해왔으며, 특히 저출산 문제를 해결하기 위한 핵심적인 도구로 자리 잡았다.

덴마크의 자녀수당 제도는 1930년대부터 시작되었으며, 당시 산업화와 경제 성장 속에서 가족을 지원하고 노동 시장을 안정시키기 위한 목적으로 도입되었다. 초기에는 소득이 낮은 가정을 지원하는 데 초점을 맞췄으나, 시간이 지나면서 모든 가정에 혜택을 제공하는 방향으로 발전했다. 이 정책은 특히 2차 세계대전 이후 복지국가로 전환하는 과정에서 강화되었으며, 사회 전체가 자녀 양육에 기여한다는 원칙을 기반으로 발전해왔다.

1960년대와 1970년대에는 복지국가의 성장과 함께 자녀수당이 확대되었고, 1990년대에는 부모가 받는 지원금이 소득과 관계없이 지급되기 시작했다. 이러한 변화는 가족들이 경제적 부담 없이 자녀를 키울 수 있도록 돕고, 더 많은 자녀를 가질 수 있는 환경을 제공하는 데 기여했다.

덴마크의 자녀수당 정책은 수십 년 동안 많은 성과를 거두었다. 특히, 이 제도는 경제적 부담을 줄이는 동시에 가족들이 자녀를 낳고 기르는 것을 장려하는 효과를 가져왔다. 자녀수당은 자녀가 많을수록 증가하는 방식으로 설계되어 다자녀 가정을 적극적으로 지원한다. 이는 덴마크가 다른 유럽 국가들에 비해 상대적으로 높은 출산율을 유지할 수 있는 중요한 이유 중 하나다.

덴마크는 육아휴직 제도, 보육 지원 등과 함께 자녀수당 정책을 통해 부모들이 일과 가정의 균형을 유지할 수 있도록 돕고 있다. 이러한 제도들은 여성의 경제활동 참여율을 높이는 데도 기여했으며, 가족 친화적인 노동 환경을 조성하는 데 중요한 역할을 했다.

2024년 현재, 덴마크의 자녀수당 정책은 여전히 유효하며, 자녀가 태어나면 부모는 매월 일정 금액을 지급받는다. 첫째 자녀부터 지급되며, 자녀 수에 따라 지원금이 증가하는 구조로, 부모는 자녀가 18세가 될 때까지 혜택을 받을 수 있다. 이 외에 덴마크 정부는 자녀를 둔 가정에게 소득세 감면 혜택을 제공한다. 특히, 다자녀 가정은 더 많은 세제 혜택을 받을 수 있어, 자녀 수에 따라 소득세가 줄어드는 구조로 설계되어 있다.

3. 다자녀 가정을 위한 주택 보조금

덴마크는 저출생 문제와 관련해 다자녀 가정이 안정적으로 자녀를 양육할 수 있도록 다양한 지원책을 시행하고 있으며, 그 중 주택보조금은 중요한 정책 중 하나이다. 덴마크 정부는 다자녀 가정의 주거 문제를 해결하기 위해 몇 년에 걸쳐 이 정책을 발전시켜 왔으며, 2024년 현재 그 성과는 매우 긍정적으로 평가받고 있다.

덴마크의 주택보조금 정책은 1990년대에 본격적으로 도입되었다. 당시 덴마크는 다자녀 가정이 주택 문제로 인해 자녀 양육에 어려움을 겪는 사례가 늘어나면서, 국가 차원에서 주거 문제를 해결할 필요성을 느꼈다. 이에 따라 정부는 저소득층과 다자녀 가정에게 주택 보조금을 제공하는 정책을 마련해, 이들이 양질의 주거 환경에서 자녀를 양육할 수 있도록 돕기 시작했다.[31]

이 정책은 다자녀 가정이 적정 주거 비용을 부담할 수 있도록 보조금을 지급하는 방식으로 운영되며, 자녀 수에 따라 보조금이 차등 지급된다. 특히, 저소득층 가정과 주거비 부담이 큰 가정을 우선 지원 대상으로 삼아, 경제적 취약 계층이 안정된 주거 환경을 누릴 수 있도록 했다. 덴마크의 주택보조금 정책은 시행 초기부터 가시적인 성과를 나타냈다. 다자녀 가정의 주거 문제 해결에 기여한 것은 물론, 아이들이 안정적인 환경에서 성장할 수 있도록 주거 지원을 강화함으로써 전반적인 가정의 생활 수준을 높였다. 이 정책은 특히, 경제적으로 취약한 가정들이 주거 문제로 인해 양육을 포기하는 상황을 예방하는 데 중요한 역할을 했다. **32**

정부의 주거 지원 덕분에 다자녀 가정은 더 넓고, 더 안전한 주택으로 이사할 수 있었고, 이는 결과적으로 자녀들의 교육과 발달에도 긍정적인 영향을 미쳤다. 덴마크의 다양한 연구 결과에 따르면, 안정된 주거 환경은 자녀의 심리적 안정감과 학업 성취도 향상에 중요한 요소로 작용하고 있다.

2024년 현재 덴마크 정부는 다자녀 가정을 위한 주택보조금을 확대하고 있다. 최근 몇 년간 덴마크의 출산율은 감소하는 추세를 보였고, 이를 해결하기 위한 장기적인 전략으로 다자녀 가정 지원을 강화하는 방향으로 정책이 전개되고 있다. 이에 따라, 주택보조금은 기존보다 더 많은 가정에 혜택을 주고 있으며, 지급 금액 또한 인상되었다.

또한, 주택보조금의 지급 기준도 보다 유연하게 변경되어, 단순히 저소득층뿐만 아니라 중간 소득 가정도 혜택을 받을 수 있게 되었다. 이러한 변화는 다자녀 가정이 주거비 부담을 덜고, 자녀 양육에 더 많은 자원을 투입할 수 있도록 돕는 중요한 정책적 진전으로 평가받고 있다. (eurostat 2024)

4. 새로운 육아휴직 제도

2022년 3월 3일, 덴마크 의회는 육아휴직 제도를 개정하여 한부모 가정과 성소수자 가족을 위한 새로운 육아휴직 법안을 통과시켰다. 이 법은 2022년 7월 1일부터 시행되었다. 이 새로운 규정은 2022년 8월 2일 이후 태어난 아이들의 부모에게 적용되며, 2024년부터는 성소수자 가족과 한부모 가정에도 적용된다.

이 새로운 법은 부모가 고용된 경우, 양측 모두에게 24주 동안의 휴직 수당을 균등하게 나눌 수 있도록 하고 있다. 그중 11주는 각 부모에게 '전용'되어, 해당 부모가 휴직을 사용하지 않으면 사라진다. 나머지 13주는 부모 간 합의하에 서로 나눌 수 있다. 2024년 1월 1일부터 법적 부모가 아닌 '사회적 부모'에게 휴가 기간을 양도할 수 있게 되었다.

새 규정에 따르면, 어머니는 출산 전 4주의 휴가를 , 출산 후 최소 2주간의 의무 휴가를 갖는다. 이 기간이 지나면, 추가로 8주의 휴가를 받을 수 있으며, 이 기간은 부분적으로 또는 전부를 아버지 또는 공동 부모에게 양도할 수 있다. 이후 어머니는 추가로 32주의 휴가를 받을 수 있으며, 현재 규정과 마찬가지로 연장 가능성이 있다. 기존 규정에 비해 어머니의 출산 휴가 권리는 4주가 감소했다.

Earmarked   Transferable

4 weeks   2 weeks   13 weeks

2 weeks   13 weeks

덴마크 육아휴직
(출처:덴마크 고용부)

5. 아빠휴가(fathers' leave)

얼마전 2024년 덴마크의 문화부 장관 야콥 엥겔-슈미트는 3개월간의 육아휴직을 결정하면서 큰 주목을 받았다. 그의 결정은 성평등을 촉진하고, 아버지가 자녀 양육에 더 적극적으로 참여하도록 장려하는 진보적인 조치로 평가받았다. 그의 휴직 동안 크리스티나 에겔룬드 교육연구부 장관이 그의 업무를 대행했다. 이 조치는 덴마크의 부모 휴직 정책 변화와 일치하며, 어머니와 아버지 간의 육아 책임을 더 균등하게 분배하는 방향으로 나아가고 있다는 평가를 받았다. (〈The Copenhagen Post〉)

현재 덴마크의 아빠휴가(fathers' leave) 제도는 성평등을 촉진하고 가족 친화적인 사회를 만드는 데 중요한 역할을 하고 있다. 덴마크는 전통적으로 가족 복지를 중요시하는 국가였지만, 과거에는 주로 어머니가 육아를 담당하는 경우가 많았다. 그러나 성평등에 대한 사회적 요구가 증가하면서, 덴마크는 부모 모두가 자녀 양육에 동등하게 참여할 수 있는 제도를 마련했다.

덴마크 정부는 아빠휴가 제도를 점진적으로 강화하며 남성의 육아 참여를 촉진해왔다. 특히, 덴마크는 "양도불가휴가(non-transferable leave)" 제도를 도입하여 아버지가 육아휴직을 사용하지 않으면 이 휴가가 사라지도록 설계했다. 이는 남성들의 육아휴직 사용을 적극 장려하는 강력한 동기가 되었고, 이를 통해 남성들의 육아 참여율이 크게 증가했다

2023년 12월 21일 〈코펜하겐 포스트〉의 육아휴직과 관련 기사를 토대로 덴마크 육아휴직 현황을 소개한다. 최근 몇 년 동안 코펜하겐에서는 덴마크의 진보적인 육아휴직 제도를 이용하는 아버지들의 수가 증가했다. 또한, 덴마크 정부는 부모 휴가를 양 부모 간에 균등하게 나누기 위해 적극적으로 노력해왔다. 새로운 법안에 따르면, 각 부모는 24주 동안의 휴가를 사용할 수 있으며, 그 중 11주는 양도할 수 없다. 이는 아버지가 할당된 휴가를 사용하지 않으면 어머니에게 그 기간을 양도할 수 없다는 의미로, 남성들이 자녀 양육을 위해 휴가를 더 많이 사용할 수 있는 강력한 동기를 부여한다.

Lifeindenmaek.dk 2024.03.11.

2024년 현재, 덴마크에서 남성의 육아휴직 사용률은 약 90%에 이

르고 있으며, 이는 전 세계에서 가장 높은 수준이다. 2015년에서 2020년 사이 남성 육아휴직 사용률이 18% 증가하는 등, 아버지들이 자녀 양육에 더욱 적극적으로 나서는 모습이 관찰되고 있다.

덴마크의 아빠휴가 제도는 단순히 자녀 양육에 대한 지원을 넘어서 성평등을 촉진하는 중요한 역할을 한다. 전통적으로 가정 내에서 성역할이 분리되어 있던 사회에서, 아버지들이 자녀 양육에 더 많은 시간을 할애함으로써 성평등이 실현되고 있다. 덴마크의 아빠휴가는 아버지가 자녀와의 시간을 늘릴 수 있도록 도와주며, 가정 내 책임 분담을 더욱 균형 있게 만들어준다. 덴마크는 앞으로도 아빠휴가 제도를 더욱 강화할 계획이다. 정부는 남성의 육아 참여가 가정과 직장에서의 성평등을 촉진하는 중요한 역할을 한다고 강조하며, 이러한 제도를 통해 성차별을 줄이고 더 많은 남성들이 가정에서의 책임을 맡는 문화를 조성하고자 한다. [33]

6. 정치적 변화와 경제 위기 속에서도

- 지적인 투자와 정책이 핵심 -

덴마크는 오랜 기간 동안 유아교육 및 보육(ECEC) 분야에서 세계적으로 인정받아온 나라이다. 2024년 현재, 덴마크의 ECEC 시스템은 높은 접근성과 교육의 질을 바탕으로 여전히 우수한 성과를 보이고 있으며, 사회적 포용성과 경제적 효과 측면에서도 크게 기여하고 있다. 덴마크 ECEC의 성공은 수십 년에 걸친 정부의 지속적인 투자와 사회적 합의에 기반한 정책 덕분이다.

덴마크는 1970년대 초반부터 3세 미만의 아동을 위한 보육 시설 확장에 주력했다. 그 결과, 2020년 기준으로 3세 미만 아동의 68%가 공식적인 보육 시설을 이용하고 있으며, 이들 중 대부분이 풀타임 보육을 받고 있다.[34] 이 같은 보육 서비스의 확장은 특히 어머니들의 경제활동을 지원하는 중요한 역할을 했다. 1970년대에는 0~2세 자녀를 둔 어머니의 43%가 경제활동에 참여했으나, 2020년에는 6세 미만 자녀를 둔 어머니의 75%가 경제활동에 참여하며 유럽 평균을 크게 웃돌고 있다.[35]

덴마크의 ECEC 시스템은 단순히 양적인 확장에 그치지 않고, 모든 아동이 사회적 배경에 상관없이 질 높은 보육 서비스를 받을 수 있도록 설계되었다. 특히 이민자 가정이나 저소득층 가정의 아동들도 고품질의 보육을 이용할 수 있도록 정책적으로 지원을 강화해왔다. 이로 인해 이민자 배경을 가진 아동들의 보육 참여율이 크게 증가했으며, 사회적 취약 계층과의 격차는 점점 줄어들고 있다.

덴마크는 1976년 첫 보육 보장 정책을 도입한 이후, 부모 휴가 제도의 확장과 보육 시설에 대한 대규모 투자를 통해 지속적으로 시스템을 발전시켜 왔다. 특히 1990년대 이후 다양한 정치적 이해관계자와 부모들의 요구에 따라 모든 연령대의 아동을 대상으로 한 보육 보장 제도가 확립되었다. 2004년에는 전국적으로 법제화된 보육권이 도입되었고, 이를 통해 대부분의 덴마크 가정이 안정적으로 보육 서비스를 이용할 수 있게 되었다.

2024년 현재 덴마크는 ECEC 시스템의 질을 더욱 향상하기 위해 디지털 도구 사용을 제한하고, 전통적인 학습과 놀이 방식을 강화하는 새로운 법안을 시행하고 있다. 이러한 변화는 아동 발달에 더 적합한 교육 환경을 제공하고, 전통적인 방식의 상호작용을 장려하기 위한 것이다. 또한, 덴마크는 지역 간 보육 서비스의 질적 격차를 줄이기 위한 노력을 계속하고 있다.

간혹 덴마크의 ECEC는 성공적인 사례로 꼽히지만, 대한민국의 ECEC는 상대적으로 실패한 것으로 평가되는 이유는 다음과 같다.

덴마크와 대한민국의 ECEC 시스템의 가장 큰 차이점은 사회적 합의와 정책적 우선순위에 있다. 덴마크는 ECEC를 사회적 투자로 인식하고, 1970년대부터 일관된 정책적 지원을 바탕으로 시스템을 확립해

왔다. 보육 시설의 확대와 부모 휴가 제도의 확장은 노동 시장과 가정 내 성 평등을 지원하는 중요한 요소로 자리 잡았다.[36]

정치적 변화나 경제 위기에도 불구하고 덴마크 정부는 ECEC에 대한 재정 지원을 지속해왔으며, 이는 사회적 합의 속에서 이루어진 결과이다.

반면, 대한민국은 유아교육과 보육에 대한 정책이 상대적으로 후순위에 놓여왔다. ECEC에 대한 재정적 지원이 제한적이었으며, 정책 변화가 일관되지 않았다. 대한민국의 보육 서비스는 주로 민간에서 제공되었고, 정부의 개입이 부족했으며, 이로 인해 지역 간, 소득계층 간 보육의 질 차이가 발생했다.(참고자료:Early Childhood Education and Care – an Investment in the Future –Nordic Working Group on the Economic Significance of Qualitative ECEC–)[37]

덴마크는 국가 차원에서 ECEC에 대한 대규모 재정 투자를 지속하며, 보육의 질을 높이고 교사들의 근로 환경을 개선해왔다. 이는 ECEC가 단순히 부모들의 경제활동을 지원하는 것뿐만 아니라, 아이들의 발달에 중요한 영향을 미친다는 인식에서 나온 것이다. 대한민국의 경우, 보육 교사의 처우와 보육 시설의 환경이 여전히 열악한 편이다. 재정적 지원이 부족한 상태에서 보육 시설의 질적 차이가 심화되었고, 이는 부모들의 만족도를 낮추는 요인으로 작용했다. 또한, 저소득층 가정이나 외국인 가정 아동은 보육 서비스 접근성에서 차별을 경험하기도 했다.("Early Childhood Education and Care in Denmark": A Social Investment Success 2023.03.31)

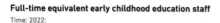

Full-time equivalent early childhood education staff
Time: 2022:

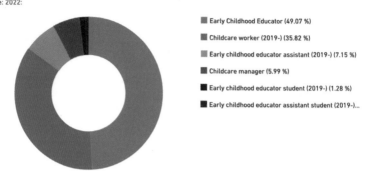

- Early Childhood Educator (49.07 %)
- Childcare worker (2019-) (35.82 %)
- Early childhood educator assistant (2019-) (7.15 %)
- Childcare manager (5.99 %)
- Early childhood educator student (2019-) (1.28 %)
- Early childhood educator assistant student (2019-)...

돌봄센터 및 어린이집 직원 구성표(덴마크 통계청)

덴마크 ECEC의 성공 요인 가운데 정치와 관련된 부분을 Trine P. Larsen and Caroline de la Porte의 논문 Early ChildhoodEducationandCare in Denmark에서 일부 발췌하여 번역·인용한다.

"교사 노조는 어릴 때부터 시작되는 학습의 중요성을 강조하며, 'Heckman 곡선'을 인용하여 아이들의 인지 능력에 대한 투자가 학교와 직장 생활에서의 적응력에 필수적이라는 점을 주장해 왔습니다. 또한, 덴마크 부모들은 자녀의 기술 개발을 위해 보육을 중요하게 여기며, 자녀를 집에서 기르는 것보다 보육 시설에 맡기는 것을 선호합니다. 최근 조사에 따르면, 대다수의 덴마크 부모들은 보육 서비스에 매우 만족하며, 10% 미만의 부모들만이 어머니가 일할 때 자녀가 고통받는다고 생각한다고 응답했습니다. 이는 '이중 소득-이중 양육자' 모델에 대한 대중적 지지를 보여줍니다.

보육 제공과 관련한 정치적 논쟁이 있을 때도, 그 목적이나 범위에 대한 이의는 거의 없습니다. 역사적으로 사회민주당, 좌파 정당, 사회 자유주의 정당, 그리고 노동조합과 부모 단체들은 공적으로 지원되는 보육의 강화를 촉구해 왔으며, 보육의 질을 높이는 데 중점을 두었습니다. 반면, 우파 성향의 정당들은 개인적으로 운영되는 보육 옵션을 선호하며, 현금 지원을 통한 가정 내 보육을 촉진하는 정책을 제안하기도 했습니다.

덴마크의 고용주들 또한 남성과 여성이 노동 시장에 적극적으로 참여할 수 있도록 공적으로 지원되는 보육을 지지하고 있습니다. 이들은 일관되게 보육 기관의 운영 시간을 늘릴 것을 요구해 왔으며, EU의 일-생활 균형 지침에 따른 아버지의 유급 부모 휴가 할당을 노동 시장 내 성 평등을 위한 중요한 정책 도구로 지지했습니다.

결과적으로, 1960년대부터 덴마크의 정치적, 사회적 이해관계자들은 보육 시스템의 발전과 강화에 강한 의지를 보여왔으며, 이는 덴마크 ECEC의 지속적인 성공으로 이어졌습니다."

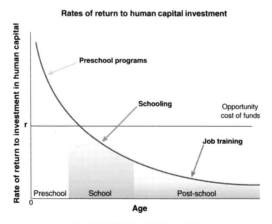

해크먼 곡선(인적자본 투자수익률)

7. 덴마크 교회가 운영하는 ECEC

덴마크에서 교회가 운영하는 유아 교육 기관은 대개 소규모로 운영된다. 따라서 보육 시설은 규모가 작고, 특정 지역 사회나 교회 공동체가 운영하는 경우가 많다. 이는 국가 전체에서 차지하는 비중이 크지 않음을 의미한다. 교회가 운영하는 ECEC에서는 공동체 의식, 나눔, 도덕적 책임 등의 기독교적 가치를 중심으로 교육한다. 이것은 공공 ECEC와 차별되는 요소이다.

교회 운영 기관도 덴마크 정부의 교육 및 보육 기준을 따라야 한다. 따라서 종교적 교육과 더불어 아동의 전인적 발달을 위한 교육과정 등 국가가 요구하는 학습 및 발달 목표를 공유한다.[38]

덴마크의 교회 운영 유아 교육 기관은 공립 보육 시설과 마찬가지로 정부의 재정적 지원을 받는다. 이는 공정하고 평등한 교육 기회를 보장하기 위한 덴마크 복지국가의 일환이다. 교회 운영 기관들도 부모가 지불하는 보육비가 소득에 따라 차등 적용되며, 정부 보조금이 제공된다.

이러한 지원에도 불구하고, 교회 운영 유아 교육 기관은 일반적으로 비영리 기관으로 운영되며, 종교적 후원이나 자원봉사자의 기여에 의존하는 경우가 많다. 또한, 교회 운영 기관은 국가의 규제를 준수

하면서도 종교적 교리를 바탕으로 독립적인 운영 방침을 세울 수 있다.[39]

덴마크에서 교회가 운영하는 유아 교육 기관은 전체 ECEC 시스템에서 상대적으로 소수에 불과하지만, 세속화된 사회에서도 매우 의미 있는 역할을 하고 있다. 따라서 일부 부모들은 자신들의 종교와 관계없이 아이들이 종교적 가치와 신앙을 어릴 때부터 접하게 하고자 교회 운영 기관을 선택하고 있다.[40]

－덴마크 국교회(Den danske Folkekirke)는 일부 유아 돌봄 기관을 운영하고 있는데, 교회 유치원(Børnehave)이라고 부른다. 교회유치원은 대개 3세에서 6세까지의 어린이를 대상으로 한다.

덴마크 국교회

3~5세 어린이집
(https://www.kobenhavnsstift.dk/temaer/folkekirken-i-boernehoejde)

■ Frederiksberg Sogn Børnehave는 덴마크 코펜하겐의 교회가 운영하는 대표적인 유아 돌봄 기관 중 하나이다. 이 유치원 역시 3세에서 6세 어린이를 대상으로 하며, 기독교적 가치를 바탕으로 한 교육과 보육 서비스를 제공한다. Frederiksberg Sogn Børnehave는 성경 이야기를 교육 프로그램의 일부로 포함하고 있으며, 크리스마스와 부활절과 같은 주요 기독교 절기를 함께 기념한다.

■ Bethlehem Church Kindergarten(코펜하겐)도 덴마크 교회가 운영하는 또 다른 유아 돌봄 기관이다. 이 유치원은 부모들이 기독교 신앙에 따라 자녀를 양육하는 데 도움을 주고자 설립되었으며, 덴마크의 일반 유아 교육 및 보육 기관과 교육목표는 거의 비슷하다.

Bethlehem Church Kindergarten
(https://bethlehempreschool.org/)

■ Vartov Børnehave는 코펜하겐의 한 루터교 교회에서 운영하는 유치원으로, 유아 보육과 신앙 교육을 결합한 프로그램에 따라 운영한다. 이 유치원은 교회 운영의 특성에 맞추어, 기독교 가치와 종교적 가르침을 교육의 중요한 부분으로 삼고 있다.[41]

헝가리
HUNGARY

1. 역사적 배경과 인구현황

헝가리는 중부 유럽의 중심부에 위치해 있으며, 오랜 세월 동안 주변 국가와 제국들의 영향을 받아왔다. 전쟁, 이주, 산업화 등 다양한 역사적 요인이 헝가리 인구 구조에 직접적인 영향을 미쳤다.

19세기, 헝가리는 산업화와 도시화가 급격히 진행되면서 큰 변화를 겪었다. 이 시기 헝가리의 경제는 농업에서 산업 중심으로 변화했으며, 이에 따라 도시로의 대규모 이주와 노동력 이동이 활발해졌다. 더 나아가, 산업화와 함께 생활 환경이 개선되면서 출산율이 증가했고, 인구는 꾸준한 증가세를 보였다. 20세기 초반, 헝가리 인구는 약 1,000만 명에 달했다.

그러나 1차 세계대전 이후, 영토의 약 2/3를 상실했으며, 인구도 크게 감소했다. 약 300만 명의 헝가리인이 헝가리 영토 밖에서 살게 되었고, 이는 정치적, 경제적 불안정으로 이어져 인구 감소를 더욱 가속화했다.

2차 세계대전 또한 헝가리 인구에 치명적인 영향을 미쳤다. 전쟁의 피해와 전후 재건 과정에서의 어려움은 인명 피해뿐 아니라 경제적, 사회적 혼란을 불러일으켰다. 2000년대에 들어서면서 헝가리는 출산율 감소와 이민 문제로 인해 인구 감소가 본격적으로 나타나기 시작했다. 2010년대부터 헝가리 정부는 출산율을 높이기 위한 다양한 정책을 추진했지만, 그 효과는 제한적이었다.

2024년 현재, 헝가리의 인구는 약 960만 명으로 추정된다. 이는 과거에 비해 크게 감소한 수치로, 이러한 인구 감소는 출산율 저하, 고령화, 이민 등 여러 요인이 복합적으로 작용한 결과다. 현재 헝가리의 합계출산율은약 1.55명으로, 이는 유럽 평균보다 낮은 수준이다. 또한 헝가리는 점차 고령화 사회로 진입하고 있으며, 65세 이상의 인구가 전체 인구의 약 20%를 차지하고 있다향후 헝가리의 인구는 21세기 말까지 계속 감소할 것으로 전망되며, 2099년에는 약 687만 명으로 줄어들 것으로 보인다. 최근 5년간 헝가리 인구는 연간 0.23%에서 0.30% 정도 감소했으며, 2019년과 2020년 사이에는 약 2만 4천 명의 인구가 줄었다.

정부의 노력에도 불구하고 인구 감소는 둔화될 기미가 보이지 않는. 헝가리의 출생률은 지난 몇십 년 동안 크게 감소했으며, 현재 동반구에서 가장 낮은 수준 중 하나인 1,000명당 9.02명이다. 낙태가 자유로워 진 것과 여성 인구의 약 79%가 피임을 사용한다는 것이 주 원인이다. 가임기 헝가리 여성들을 포함한 많은 헝가리인들이 해외로 이주하고 있는 것도 또 다른 요인으로 작용하고 있다.[42]

헝가리의 인구감소와 함께 경제성장률 또한 하향곡선을 그리고 있다.

Hungary Population (1950 - 2024)

— Hungary Population

10;000,000	
8,000,000	
6,000,000	
4,000,000	
2,000,000	

1970   1980   1990   2000   2010   2020

헝가리 인구변이 (출처:worldpopulationreview)

2. 저출생 대응 정책의 변화

2.1 "출생"에서 "이주"로

헝가리 정부는 그동안 출산율을 높이는 데에 초점을 맞추었다. 정부는 출산을 장려하기 위해 다양한 경제적 지원을 제공했으며, 대가족을 위한 세제 혜택, 주택 보조금, 양육 지원금 등의 정책이 시행했다. 이러한 정책들은 초기에는 긍정적인 효과를 가져왔으며, 출산율이 소폭 증가하는 결과를 보였다. 그러나 최근 통계에 따르면, 2023년 헝가리의 출산율은 오히려 하락세를 보이며 장기적인 효과에 한계가 있음을 드러냈다. [43]

그동안 헝가리는 유럽 연합 내에서 가장 강력한 반이민 정책을 가진 국가 중 하나였다. 그래서 이민자의 유입을 철저히 제한하고 국경을 강화하는 등의 조치를 취해왔다. 2016년 때만 해도 오르반 총리는 "단 한 명의 이주민도 필요 없다"는 강경한 입장을 표명하며, 이민을 통한 인구 문제 해결을 강하게 반대했다. 그러나 정부의 노력에도 불구하고, 헝가리 인구는 2024년 약 960만 명에서 2050년에는 약 850만 명으로 감소할 것으로 예측된다. [44](Statistics Times) 이제 헝가리 정부는 단순히 경제적 지원만으로는 극복될 수 없으며, 다른 대안이 필요하다는 사실을 인정했다. 그 대안의 하나로 이민 정책을 펴기 시작했다.

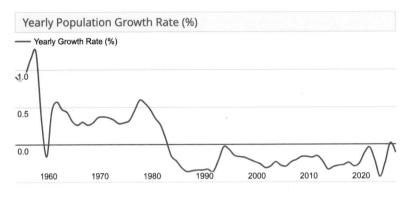

헝가리 연간 인구성장율(worldometers)

위의 도표에서도 확인할 수 있듯이 인구감소는 국가 경제 성장에도 직접적인 영향을 미치고 있다. 인구 고령화와 젊은 세대의 해외 이주로 인해 노동 인구가 급감하다보니 헝가리 경제는 심각한 노동력 부족을 겪게 된 것이다.

최근 헝가리 정부는 경제적으로 필요한 노동력을 확보하기 위해 외국인 노동자 유치를 시작했다. 이는 과거 오르반 정부의 강경한 반이민 입장과 상반되는 변화로, 헝가리 내에서도 상당한 논란을 일으키고 있다. 그럼에도 불구하고, 노동력 부족 문제를 해결하기 위해서는 외국인 노동자의 유입이 불가피하다는 인식이 확산되고 있으며, 이는 헝가리의 인구 정책에 있어 중요한 전환점으로 평가될 수 있다.

헝가리는 이민자 유입을 장려하기보다는 외국인 노동자를 제한적으로 수용하는 방식으로 접근하고 있다. 이는 장기적으로 인구 감소 문제를 해결하는 데 얼마나 효과적일지는 아직 불확실하다. 하지만 노동력 부족 현상이 심화되는 상황에서 외국인 노동자는 헝가리 경제에 필수적인 역할을 할 가능성은 커보인다.

헝가리의 저출생 해결정책 가운데 대표적인 두 가지 프로그램이 CSOK(Családi Otthonteremtési Kedvezmény)와 Babaváró Hitel이다. 이 두 제도는 목적, 사용 가능 범위, 혜택에서 중요한 차이점이 있다.[45]

2.2 CSOK

CSOK는 헝가리 정부가 2015년에 도입한 주택 구매 및 건설 지원 정책이다. 이 프로그램은 자녀 수에 따라 비환급 보조금과 저금리 대출을 제공한다. 주로 새 주택과 기존 주택을 구입하거나 주택을 건설하는 가정에 혜택을 제공한다. 주택을 구입한 가정은 최소 10년 동안 해당 주택에 거주해야 하는 의무가 있다.

자녀 수에 따라 보조금과 대출 금액이 다르다. 예를 들어, 세 자녀 이상을 둔 가정은 최대 36,000달러의 보조금을 받을 수 있으며, 저금리 대출을 통해 추가적인 재정 지원을 받을 수 있다. 이와 더불어, 주택에 대한 부가가치세 감면과 더불어, 주택 가치의 일부에 대한 이자율 상한 대출 혜택도 제공한다. 두 자녀를 둔 부부의 총 혜택 금액은 18,000달러에서 35,000달러, 세 자녀인 경우는 이 50,000달러에서 80,000달러에 이른다.[46]

CSOK는 주로 주택 구입 및 건설에 사용되며, 농촌 지역에서 더 많은 혜택을 제공한다. 그러나 CSOK의 경우, 헝가리 평균 연봉이 약 11,000달러에서 15,000달러 수준임에도 불구하고, 최근 주택 가격 상승으로 인해 대도시에서 주택을 구매하는 것이 어려워지고 있다. 특히 부다페스트와 페슈트 지역은 중고주택 판매가가 연간 13.8%나 증가하면서 정부보조금과 저이자 대출로는 도시에서 주택구매가 힘들어지고 있다.[47]

2.3 Babaváró Hitel

Babaváró Hitel은 CSOK와 달리 주택 구매에 국한되지 않는다. 즉 주택 구입뿐만 아니라 집 개조, 에너지 효율 개선, 자동차 구매 등 다양한 용도로 사용할 수 있다. 대출 금액은 최대 1,000만 포린트(약 2만 5,900유로)로 제한된다.

Babaváró Hitel은 자녀가 없는 가정도 신청할 수 있으며, 자녀 출산 후에는 대출 조건이 더 유리해진다. 예를 들어, 둘째 자녀가 태어나면 대출의 30%가 탕감되고, 셋째 자녀 출산 후에는 남은 채무가 전액 탕감된다. 또한 Babaváró Hitel은 특정 지역 제한 없이 전국 어디서나 사용할 수 있다.

2024년 현재, 헝가리 정부는 여전히 CSOK를 통해 출산 장려와 주택 지원을 이어가고 있다. 그러나 그 한계점이 갈수록 두드러지게 나타나고 있다. 헝가리의 평균 소득 대비 CSOK 혜택이 큰 금액일지라도, 주택 가격 상승과 경제적 불안정성으로 인해 여전히 많은 가정이 CSOK의 혜택을 충분히 누리지 못하고 있다. 특히 대도시 지역의 주택 가격이 계속해서 상승하고 있는 상황에서, 젊은 부부들이 안정적인 주거 환경을 마련하는 것은 여전히 큰 도전 과제로 남아 있다.

3. 낙태법 강화

　헝가리는 저출생 문제 해결을 위해 최근 낙태법을 강화했다. 헝가리는 1953년부터 임신 첫 12주 동안 낙태를 합법적으로 허용해 왔다. 그러나 2022년 9월에 새로운 낙태 제한 조치를 발표했다. 이 조치에 따르면 낙태를 결정하기 전에 태아의 생명 신호, 즉 심장 박동을 의사가 명확히 보여주도록 규정하고 있다. 이러한 변화는 출산율을 높이려는 정부의 시도 중 하나로 해석할 수 있다.

　그러나 이러한 낙태법 강화가 실제로 출산율 증가에 긍정적인 영향을 미칠지는 불확실하다. 낙태를 제한한다고 해서 출산율이 자동으로 증가하는 것은 아니며, 많은 경우 여성의 출산 결정은 경제적, 사회적 환경과 밀접한 관련이 있다. 예를 들어, 헝가리의 높은 생활비, 주거 문제, 그리고 자녀 양육에 대한 부담은 여성들이 출산을 꺼리는 주요 요인으로 작용하고 있기 때문이다. 낙태법을 강화하더라도 이러한 근본적인 문제들이 해결되지 않는 한, 정책의 효과는 제한적일 수 있다

　또한, 강력한 낙태 제한은 여성의 권리와 건강에도 부정적인 영향을 미칠 수 있으며, 이는 사회적 반발을 초래할 가능성도 있다. 낙태법 강화는 자칫 비공식적이거나 위험한 낙태 시술로 이어질 수 있으며, 이는 여성 건강을 위협하는 결과를 초래할 수 있다. 따라서, 단순

히 법적인 제한을 강화하는 것만으로는 출산율 문제를 근본적으로 해결하기는 어려워 보인다. 낙태법 강화는 출산율 증가를 위한 하나의 도구로 사용될 수 있지만, 그 한계와 부작용을 충분히 고려해야 할 것이다.

4. 유아돌봄 및 육아지원 (ECEC) 현황

헝가리는 최근 몇 년간 초 3세 미만 아동을 위한 유아교육 및 보육 (ECEC) 서비스를 대폭 확충했다. 이를테면 소규모 지역사회에서 작은 보육원을 설립하고, 직장 근처에 보육시설을 만들었다. 그러나 헝가리에서 장기간 육아휴직이 가능하고, 부모들이 아이를 집에서 돌보는 비율이 여전히 높기 때문에 3세 미만 아동이 보육시설에 다니는 비율이 낮다.

그럼에도 불구하고, 헝가리 전역에서 보육 시설은 여전히 부족한 상황이다. 또한 3세 미만 아동을 위한 보육 시설이 대도시 중심으로 집중되어 있어서 이용 비용이 매우 높다. 3세부터 6세까지의 아동을 위한 유아교육은 의무화되어 있지만, 이를 시행하면서 대중의 인식을 높이기 위한 캠페인은 거의 없었고, 빈곤 지역의 유치원 교사들에 대한 지원도 부족하다. 그 결과 경제적으로 여유 있는 가정의 아동들은 더 적은 인원이 있는 환경에서 교육을 받는 반면, 빈곤층이나 로마 아동들은 열악한 환경에서 교육을 받고 있다.

아울러 만성 질환을 가진 아동이나 신체 장애가 있는 아동을 받아들이는 시설은 거의 없으며, 등록된 아동조차 양질의 돌봄을 제공받지 못하는 경우가 많다. 전문 인력과 보조 인력의 부족이 주 원인이다.

4.1 어린이집(Bölcsőde)과 유치원(Óvoda)

헝가리의 ECEC(Early Childhood Education and Care)는 부모, 특히 여성들의 양육 부담을 덜어주고, 노동시장 복귀를 촉진하는 중요한 역할을 하고 있다. 최근 몇 년 동안 조기아동발달(ECD) 정책을 수립하고, 어린 자녀를 둔 가정을 지원하는 데 있어 진전을 이루었다. 예를 들어, 3세 미만 아동을 위한 조기 아동 교육 및 보육(ECEC) 서비스의 시설 수가 약간 증가했다. 이는 자녀 수가 적은 지역에 소규모 어린이집을 설치하고, 직장 근처 보육 시설을 제공함으로써 부모들이 근무지와 가까운 곳에서 자녀를 맡길 수 있도록 한 결과이다

이 제도는 어린이집과 유치원 두 가지 형태로 운영되고 있다.

어린이집은 만 3세 미만의 아동을 위한 보육 서비스를 제공하며, 특히 맞벌이 가정이나 직장 생활을 재개하는 부모들에게 큰 도움을 주고 있다.

어린이집에는 생후 20주부터 3세까지의 아동이 입소할 수 있다. 부모의 동의 하에 지역 간호사, 소아과 의사 또는 일반의, 사회복지사 또는 가족 지원 담당자, 아동복지 서비스 후견 기관 (이 경우에도 부모의 동의가 필요) 등이 어린이집 입소를 추천할 수 있다. 입학 신청은 매년 4월 중순에서 5월 초에 이루어지며, 일부 어린이집은 연중 입학이 가능하다.

헝가리의 어린이집 입소자 수가 제한되어 있다. 3세 미만 아동을 위한 보육 시설이 충분하지 않기 때문이다. 대부분의 보육 시설은 대도시 중심에 집중되어 있고, 사설 시설은 많지 않으며 비용도 높다. 따라서 특별한 상황에 처한 아동들이 우선적으로 입소할 수 있다. 이를

테면 발달 지원이 필요한 아동, 한부모나 고령자에 의해 양육되는 아동, 그리고 사회적 어려움을 겪는 가정의 아동이 우선적으로 입소할 수 있다.

헝가리의 유치원 교육은 만 3세부터 6세까지의 아동을 대상으로 하며, 만 3세가 되면 모든 아동이 의무적으로 유치원에 등록해야 한다. 그리고 만 6세가 되면 아동들은 초등학교로 진학한다.

2024년 현재, 헝가리 정부는 ECEC의 접근성을 확대하고 있으며, 특히 도시와 농촌 지역 모두에서 보육 시설의 질을 높이기 위한 투자를 지속하고 있다. 이러한 투자 덕분에, 여성들은 자녀를 안전하게 보육 시설에 맡기고 육아와 직장을 병행할 수 있다. 그러나 농촌 지역에서는 여전히 보육 시설의 부족이 문제로 지적되고 있다. 또한, 교사 인력 부족과 교사들의 처우 개선이 필요하다는 의견이 계속 제기 되고 있다. 이를 위해 헝가리 정부는 정책적으로 우선순위를 두고 교사 교육과 보육시설 확충에 힘을 쏟고 있다. (Eurydice참조, Eurydice는 유럽 교육 시스템의 조직과 운영에 대한 네트워크)

4.2 헝가리 교회가 운영하는 ECEC

교회가 운영하는 유치원과 어린이집은 종교 교육과 더불어 전인 교육을 중요시하며, 국가가 정한 교육 표준에 맞춰 운영되고 있다. 이러한 교회 운영 ECEC 시설은 특히 가족 가치와 기독교적 교육을 강조하며, 이는 헝가리 정부의 출산 장려 정책과도 일치한다. 자녀가 신앙을 바탕으로 한 교육을 받으면서도, 양질의 보육 서비스를 제공받을 수 있기 때문에 교회 운영 시설에 대한 부모들의 선호도가 높다.(Early

Childhood Education and Care in Hungary: Challenges and Recent Developments)

　교회가 운영하는 ECEC 시설은 전국적으로 널리 퍼져 있으며, 특히 농촌 지역과 보육 시설이 부족한 곳에서 중요한 역할을 하고 있다. 교회 운영 ECEC 시설은 헝가리 정부의 재정적 지원을 받고 있으며, 이는 보육비용을 줄여 부모들의 경제적 부담을 덜어주는 역할을 하고 있다. 다만 해결해야 할 문제가 있다면 바로 교사 인력의 부족과 처우 개선이다.[48]

5. 헝가리 탯줄 프로그램 (Umbilical Cord Program)

헝가리는 2018년 1월, 해외에 거주하는 헝가리 가정을 지원하기 위해 '탯줄 프로그램'을 도입했다. 이 프로그램은 크게 두 가지 주요 혜택을 제공한다. 첫째는 출산 지원금이고, 둘째는 '베이비 본드'로 불리는 청소년 초기 자금 지원이다. 이 프로그램을 통해 해외에서 태어난 헝가리 아이들도 헝가리 내에서 태어난 아이들과 동일한 재정적 지원을 받을 수 있게 되었다.

2024년 기준으로, 22,000개 이상의 해외 헝가리 가정이 출산 지원금을 신청했으며, 약 20,000명의 아이들이 생애 시작 예금 계좌를 개설했다. 이 계좌에는 HUF 42,500(약 105유로)이 초기 예치되며, 매년 인플레이션율에 따라 이자가 붙는다. 이를 통해 아이가 18세가 될 때까지 재정적인 안정을 누릴 수 있다. 지원의 대부분은 카르파티아 분지에 거주하는 가정에 집중되어 있으며, 로마니아에서 70%, 세르비아에서 15%, 우크라이나에서 9%의 비율로 신청했다. 독일, 슬로바키아를 포함한 68개국에서도 신청이 접수되었다[49]

이 프로그램은 재정적 지원을 제공하는 것 외에도, 해외에서 태어난 헝가리 아이들의 헝가리 정체성을 유지하는 데 중요한 역할을 한다. 재정적 혜택과 더불어, 이 프로그램은 헝가리 혈통을 가진 아이들의 귀화 과정을 촉진하여 그들이 헝가리 문화와 유산에 강한 유대감을 유지할 수 있도록 돕는다.

6. 베이비 본드(Baby Bond)

　헝가리 정부는 2006년에 '베이비 본드'라는 이름의 스타트 증권 계좌를 도입하여, 헝가리 국민이 된 신생아들이 태어나면서부터 미래를 위한 저축을 시작할 수 있도록 장려하고 있다. 2024년 현재, 이미 30만 명 이상의 어린이가 헝가리 국고에 자신들의 계좌를 보유하고 있으며, 이를 통해 삶을 시작하는 데 필요한 자금을 조금씩 모아가고 있다. 문화혁신부의 가정부 차관인 아그네스 호르눙(Ágnes Hornung)은 최근 이 프로그램이 얼마나 많은 가정에 도움이 되고 있는지를 언급하며, 이 계좌에 예치된 금액이 전년도 평균 인플레이션율보다 3% 높은 이자를 지급받는다고 설명했다. 특히, 지난해 정부가 제공하는 보조금은 두 배로 늘어나면서, 더 많은 가정이 이 기회를 활용하게 되었다.

　2024년 현재, 약 HUF 2,000억(약 5억 유로)이 이 증권 계좌에 보관되어 있으며, 이는 프로그램이 얼마나 성공적으로 자리잡았는지를 보여준다. 헝가리에서 태어난 모든 신생아는 자동으로 HUF 42,500(약 105유로)의 출생 지원금을 수령하며, 이 금액은 아이 이름으로 개설된 생명 저축 계좌에 예치된다. 해당 금액은 인플레이션율에 맞추어 이자를 받으며, 만약 부모나 보호자가 국고를 통해 스타트 증권 계좌를 개설할 경우, 이 지원금은 더 높은 수익률을 제공하는 베이비 본드로 이체되어 계속해서 이자를 받는다. 또한, 부모나 친척들이 매달 추가 저축을 할 경우 10%의 국가 보조금을 추가로 받을 수 있어, 매달 10,000포린트(약 25유로)를 저축하면 최대의 정부 지원을 받을 수 있다.(Hungarytoday 2023.01.16.기사 참조)[50]

베이비 본드는 이름과 달리 신생아뿐만 아니라 18세 이하의 누구라도 계좌를 개설할 수 있다. 계좌에 있는 저축액은 아이가 18세가 되는 날부터 사용할 수 있으며, 최소 3년간 저축해야 하는 조건이 있다.

그림 47 베이비 본드 계좌 (출처:〈부다페스트 비즈니스 저널〉 2023.12.22.)

2018년부터는 '탯줄 프로그램'을 통해 해외에 거주하는 헝가리 국적의 어린이들도 이 출생 지원금을 받을 수 있게 되었다. 이는 국경을 넘어 헝가리 국민으로서의 권리를 보장하는 제도로, 이 어린이들 또한 헝가리 국내에 거주하는 어린이들과 동일한 혜택을 받을 수 있게 되었다. 2023년 한 해 동안만 34,500개의 새로운 스타트 계좌가 개설되었으며, 이로 인해 활성화된 계좌의 수는 30만 개를 넘어섰다. 이는 전년도 대비 두 배로 증가한 수치로, 점점 더 많은 가정이 이 프로그램에 참여하고 있음을 나타낸다.

베이비 본드는 헝가리의 젊은 세대들에게 경제적 기반을 마련해주며, 부모와 친척들이 아이의 미래를 위해 저축할 수 있도록 돕는 중요한 수단으로 자리잡고 있다. 이러한 프로그램은 결혼율과 출산율 증가에도 기여하고 있으며, 헝가리 정부는 가족 수당과 같은 제도를 통해 인구 문제에 대응하고 있다.

7. 출산예정자 보조금(abaváró támogatás)

2019년 7월 도입된 헝가리의 출산 예정자 보조금(Babaváró támogatás)은 젊은 부부들이 자녀를 계획하고 경제적 부담을 줄이기 위한 제도이다. 이 제도는 자녀 출산을 장려하기 위한 무이자 대출을 제공하며, 2024년까지 약 24만 6천 가정이 이 혜택을 받았다. 이들 가정은 약 21만 1천 명의 아기를 출산했으며, 정부로부터 총 2조 4천억 포린트(약 62억 유로)의 지원을 받았다.(THE BUDAPEST TIMS 2022.12.29.)

이 프로그램은 헝가리 전역의 도시 및 농촌 지역에서 인기가 높으며, 특히 동북부 지역과 소도시에서 더욱 활발히 이용되고 있다. 이 혜택은 소득 수준에 관계없이 다양한 가정에서 이용할 수 있으며, 특히 중간 소득 가정에서 가장 많이 활용되고 있다.

코로나19 팬데믹 이후에도 결혼 및 출산율이 증가하는 등 긍정적인 인구학적 변화를 이끌어냈지만, 경제 위기와 인플레이션의 영향으로 일부 가정은 출산 계획을 연기할 수밖에 없었다. 이에 대응하여 헝가리 정부는 2026년까지 보조금 지원 기간을 연장했다.

이 보조금은 첫 번째 자녀 출산 시 최대 1천만 포린트(약 2만 4천 유로)의 무이자 대출을 제공하며, 두 번째 자녀 출산 시 대출의 30%를 탕감하고, 세 번째 자녀 출산 시 전액 탕감하는 등 매우 유연한 지원책이다. 이러한 정책은 헝가리의 젊은 부부들에게 재정적 안정을 제공하고, 장기적으로는 국가의 인구 증가와 경제 발전에 기여할 것으로 기대된다.[51]

8. 자동차 구매 보조금

헝가리 정부는 2019년 7월 1일부터 세 자녀 이상을 둔 다자녀 가정을 위한 자동차 구매 지원 프로그램을 도입했다. 이 지원을 통해, 자녀가 셋 이상인 가정은 7인승 이상의 신차를 구입할 때 최대 2.5백만 포린트(약 7,000유로), 즉 차량 가격의 50%까지 보조금을 받을 수 있었다. 이 보조금은 다자녀 가정이 더 큰 차량을 필요로 하는 점을 고려하여 마련된 정책의 일환으로, 헝가리의 인구 증가와 가족 지원을 촉진하기 위한 여러 가지 정책 중 하나였다.

도입 초기부터 많은 가정이 이 혜택을 신청했으며, 2019년 첫 주에만 2,500개 이상의 신청이 접수되었다. 2022년까지 프로그램은 성공적으로 운영되었으나, 차량 인도 지연 등의 문제로 인해 2022년 12월 31일부로 지원이 중단되었다.

가족 및 청소년 문제를 담당하는 차관인 카탈린 노박은 토요일 기자 회견에서 자녀가 셋 이상인 다자녀 가정을 위한 자동차 구매 보조금 신청이 시작된 첫 주에 2,500개 이상의 신청서가 접수되었다고 밝혔다. 헝가리 정부는 올해 보조금으로 50억 포린트(약 1,550만 유로)를, 내년에는 100억 포린트를 배정했으며, 노박 차관은 수요가 많을 경우 이 할당액을 증액할 수 있다고 언급했다. 정부는 이 자금을 통해 최소

1만 가정이 7인승 이상 차량을 구입할 수 있도록 지원하는 것을 목표로 하고 있다. 이 보조금은 헝가리의 인구 감소 문제를 해결하기 위한 여러 가족 지원 정책 중 하나이다.[52] (HUNGARY MATTERS)

9. 조부모 육아수당(GYED)

아직 은퇴하지 않은 조부모가 부모 대신 손자녀를 돌보기로 합의할 경우, GYED를 받을 수 있다. 조부모는 출산 휴가(육아휴직)가 끝난 후부터 자녀가 만 2세가 될 때까지 육아수당을 받을 수 있으며, 쌍둥이의 경우 만 3세까지 지급된다. 수당은 조부모의 소득을 기준으로 하루 평균 소득의 70%로 계산되며, 2024년 기준 최대 월 373,520 HUF까지 받을 수 있다. 조부모가 육아수당을 받을 수 있는 조건은 다음과 같다. (csalad.hu 2024. 06. 30. 인용)

출산 전 2년 동안 최소 365일 보험에 가입되어 있어야 한다.

부모 모두 또는 한부모가 직업을 가지고 있어야 한다.

손자녀가 부모의 가정에서 양육되어야 한다.

부모는 서면 동의서를 제출해야 한다.

조부모는 육아수당을 받는 동안 외부에서 일할 수 없으며,

집에서만 근무할 수 있다.

조부모가 노령 연금을 받지 않아야 한다.

손자녀가 기관에서 보육 서비스를 받지 않아야 한다.

다른 보호자가 육아수당을 받지 않아야 한다.

10. 부모휴가제도

형가리의 부모 휴가 제도는 2023년에 크게 바뀌었었다. 현재 제도의 주요 내용은 출산 휴가(CSED), 아버지 출산 휴가, 그리고 새로 도입된 부모 휴가로 구성되어 있으며, 이들은 모두 일하는 부모를 지원하기 위해 마련되었다.

10.1 출산 휴가(CSED)

형가리의 출산 휴가(CSED) 제도는 어머니들에게 출산과 초기 육아 기간 동안 제공된다. 이 기간은 아이의 건강과 어머니의 회복에 중요한 시간으로 여겨지며, 출산 예정일 기준 최대 4주 전부터 시작되는 이 휴가는 총 24주 동안 사용할 수 있다. 이 기간 중 최소 2주간의 휴가는 필수적으로 사용해야 하며, 어머니는 이 기간 동안 일일 소득의 70%를 지급받는다. 다만 어머니는 출산 전에 최소 365일 동안 사회 보장 기여금을 납부한 기록이 있어야 혜택을 받을 수 있다.[53]

형가리의 아버지 출산 휴가 제도는 2023년 노동법 개정에 따라 크게 확장되었다. 개정 전에는 5일의 출산 휴가가 제공되었으나, 개정 후 아버지들은 10일간의 출산 휴가를 받을 수 있다. 첫 5일 동안은 100% 급여를 지급받으며, 나머지 5일 동안은 40% 급여가 지급된

다.[54]

부모 휴가는 가정 내에서 성평등을 촉진하는 중요한 제도이다. 양 부모는 자녀가 만 3세가 될 때까지 최대 44일의 부모 휴가를 받을 수 있다. 단 이 휴가는 부모가 1년 이상 근무한 경우 제공되며, 휴가 기간 동안 부모는 결근 수당의 10%를 지급받는다.[55] 이 제도는 부모 중 누구나 사용할 수 있으며, 가정 내에서 자녀 양육의 책임을 분담할 수 있게 한다.

    헝가리 정부는 인구 감소 문제에 대응하기 위해 2020년부터 체외수정(IVF) 치료를 무료로 제공하고 있다. 이 정책은 특히 임신에 어려움을 겪고 있는 부부들에게 중요한 지원책으로, 출산율을 높이기 위한 주요 전략 중 하나로 자리 잡았다. 현재 헝가리 정부는 전국의 6개 국영 IVF 클리닉에서 이 치료를 무료로 제공하며, 2030년까지 출산율을 여성 1명당 2.1명으로 끌어올리는 것을 목표로 하고 있다.(Daily News Hungary 2020.10.03. 참고)

    IVF 치료는 주로 국영 불임 치료 센터에서 이루어지며, 여성은 최대 45세까지 이 치료를 받을 수 있다. 국가는 최대 5번의 시도까지 무료로 지원하며, 배아 이식 단계에 도달한 경우를 1회로 규정한다. 그러나 클리닉 수가 제한적이기 때문에 대기 시간이 길어지는 경우가 많고, 첫 상담까지 6개월 이상 기다리는 경우도 있다.

    공식 통계에 따르면, 매년 헝가리에서 태어나는 아이들의 수가 줄어들고 있다. 가장 최근의 데이터에 따르면, 10월 말까지 74,064명의 아이들이 태어났으며, 이는 전년도 75,306명보다 줄어든 수치이다. 현재의 추세가 지속된다면, 헝가리 인구는 현재 약 970만 명에서 2070년에는 600만 명으로 감소할 수 있다.

헝가리 가족 및 청소년부 장관 카탈린 노박(Katalin Novák)에 따르면, 헝가리에는 불임 문제로 고통받는 15만 쌍의 부부가 있으며, 이들이 아이를 갖는다면 인구 감소 문제는 해결될 것이라고 한다. 이를 위해 정부는 부다페스트에 4곳, 세게드(Szeged)에 1곳, 타폴차(Tapolca)에 1곳의 IVF 클리닉을 국유화했다.(Euopean Data Journalism 2022.02.15.)

12. 헝가리 교회가 운영하는 ECEC

헝가리는 역사적으로 기독교, 특히 가톨릭교가 큰 영향을 미친 나라이다. 1990년대 이후 헝가리가 공산주의에서 탈피하면서 종교적 자유가 회복되었고, 이에 따라 교회가 운영하는 교육 기관들도 다시 활성화되었다. 교회가 운영하는 유아 교육 기관은 주로 가톨릭, 개신교(루터교, 개혁교), 그리고 소수의 정교회 교회에 의해 운영된다.

교회가 운영하는 ECEC 시설은 특히 가족 가치와 기독교적 교육을 강조하며, 이는 헝가리 정부의 출산 장려 정책과도 일치한다. 자녀가 신앙을 바탕으로 한 교육을 받으면서도, 양질의 보육 서비스를 제공받을 수 있기 때문에 교회 운영 시설에 대한 부모들의 선호도가 높다.

교회가 운영하는 ECEC 시설은 전국적으로 널리 퍼져 있으며, 특히 농촌 지역과 보육 시설이 부족한 곳에서 중요한 역할을 하고 있다. 교회 운영 ECEC 시설은 헝가리 정부의 재정적 지원을 받고 있으며, 이는 보육비용을 줄여 부모들의 경제적 부담을 덜어주는 역할을 하고 있다. 다만 해결해야 할 문제가 있다면 바로 교사 인력의 부족과 처우 개선이다.[56]

12.1 가톨릭 교회가 운영하는 유아 교육 기관

Caritas Kindergarten: 헝가리 카톨릭 교회에서 운영하는 대표적인 유아 교육 기관 중 하나로, 가톨릭 교리와 도덕 교육을 중요시 한다.

2024년 7월, 후스트(Khust)에 개원한 교회돌봄센터
(https://www.caritas-transcarpathia.com/eng/index.php)

Regnum Marianum: 부다페스트에 위치한 가톨릭 유아 교육 기관으로, 신앙 교육을 통해 어린이들이 기독교적 가치를 내면화할 수 있도록 돕는다. 기도와 종교 의식을 통해 어린이들이 신앙을 체험하고, 이를 바탕으로 공동체 의식을 형성한다.

12.2 개신교 교회가 운영하는 유아 교육 기관

Lutheran Kindergartens: 헝가리 루터교 교회에서 운영하는 유아 교육 기관으로, 놀이 중심의 교육 방식을 채택하면서 기독교 신앙을 통합한 프로그램을 제공한다. 특히, 예배와 성경 이야기가 포함된 일일 활동이 특징이다. 또한, 부모와의 긴밀한 협력 속에서 아동 교육이 이루어지며, 가족과 교회가 공동체의 일원으로 함께 아동을 돌보는 것을 강조한다.

Reformed Church Kindergartens: 헝가리 개혁교(칼빈교) 교회가 운영하는 유치원들도 있다. 이들 기관은 전통적인 기독교적 도덕 가치를 바탕으로, 유아들에게 나눔과 책임의 중요성을 가르친다. 성경 이야기, 찬송가 부르기, 공동체 활동을 통해 아동들에게 신앙 교육을 함께 시킨다.

Mátészalka 교외 개신교 교회가 운영하는 "Csemetekert" 유치원
(https://reformatus.hu/english/news/development-of-reformed-kindergartens/)

12.3 교회가 운영하는 ECEC에 대한 정부의 지원

교회 운영 ECEC 기관도 헝가리 정부의 지원을 받을 수 있다. 단 정부의 교육 규제와 기준을 준수해야 한다. 부모들은 공립 ECEC와 마

찬가지로 일정 금액의 보육비를 부담하며, 소득에 따라 정부 지원을 받을 수 있다.[57]

헝가리에서 교회가 운영하는 ECEC 기관은 1990년대 이후 꾸준히 성장하고 있지만, 전체 유아 교육 시스템에서 차지하는 비중은 상대적으로 적다. 헝가리 내 일부 기독교 가정이 교회 운영 기관들을 선호한다. 그러나 헝가리의 세속화와 정부 주도 공공 ECEC 시스템의 확대로 인해 교회 운영 기관들의 필요성이 높아졌다.[58]

네덜란드
NETHERLANDS

1. 역사적 배경과 인구현황

네덜란드는 역사적으로 다양한 인구 변동을 겪어왔다. 제2차 세계 대전 이후, 많은 서구 국가들처럼 네덜란드도 베이비붐을 경험했다. 하지만 1970년대에 접어들면서 출산율은 유럽 전역에서 나타난 추세를 따라 급격히 감소하기 시작했다. 즉 베이비붐 세대의 영향으로 현재까지도 상당한 수의 가임기 여성이 존재하고 있지만, 인구 구조의 변화는 빠르게 진행되고 있다. 예컨대 네덜란드의 합계출산율은 1900년대 초반 4.6명에서 현재 약 1.6명으로 감소했다.[59]

네덜란드는 고령화가 진행 중인 유럽에서 비교적 젊은 인구 구조를 유지하고 있으며, 앞으로도 당분간 인구가 계속 증가할 것으로 예상된다. 그러나 높은 인구 밀도로 인한 공간 문제는 중요한 이슈로 떠오르고 있으며, 많은 사람들이 인구가 적은 나라를 선호하는 경향을 보인다. 현재 네덜란드의 출산율은 안정적으로 유지되고 있으며, 큰 변화의 조짐은 보이지 않고 있다.

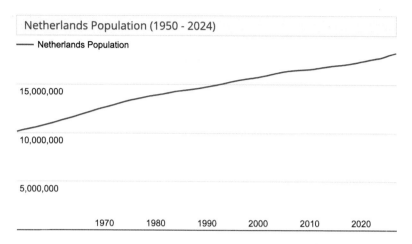

Netherlands Population (1950 - 2024)

— Netherlands Population

15,000,000

10,000,000

5,000,000

1970   1980   1990   2000   2010   2020

1950–2024 네덜란드 인구변이(worldometers)

네덜란드 정부는 아동 수당을 통해 가정의 경제적 부담을 줄이고, 모든 아동이 더 나은 양육 환경에서 성장할 수 있도록 지원하고 있다. 아동수당은 사회 전반의 복지 향상뿐만 아니라, 국가 경제에 장기적으로 기여한다.

아동 수당은 자녀가 18세가 될 때까지 부모에게 분기별로 지급된다. 수당의 액수는 자녀의 연령에 따라 달라지며, 보통 0-5세, 6-11세, 12-17세 세 그룹으로 나뉜다. 2024년 현재 12-17세 아동의 경우 분기당 최대 399.27유로가 지급된다. 이 수당은 SVB(Sociale Verzekeringsbank 사회보험은행)이 관리한다. 자녀를 둔 모든 가정이 지원을 받을 수 있다.

네덜란드의 아동 수당 신청은 매우 간단하다. 자녀가 태어나고 처음으로 등록될 때 자동으로 아동 수당 신청이 이루어지며, 대부분의 경우 별도의 신청 절차 없이 자동으로 수당이 지급된다. 만약 추가적인 지원이 필요한 경우, 부모는 아동예산(kindgebonden budget)을 추가로 신청할 수 있다.

아동예산(kindgebonden budget)은 저소득 가정을 지원하는 중요한 재정 지원 제도이다. 이 제도는 가정의 경제적 상황에 따라 추가적인 지원을 제공한다. 아동예산은 아동수당을 받는 가정에서만 받을 수 있으며, 주로 자녀의 의복, 식비, 교육비 등의 필수 생활비를 충당하는 데 사용된다.

아동예산은 소득과 자산에 따라 달라지며, 자녀가 있는 가정이 특정 소득 기준을 충족하면 받을 수 있다. 즉 부모의 수입과 자산에 따라 달라지며, 가구 구성원 수와 자녀 수에 따라 지급 금액이 다르다. 일반적으로 소득이 낮을수록 더 많은 예산을 받을 수 있다. 아동예산은 네덜란드 세무청(Belastingdienst)이 관리하며, 자격이 있는 가정은 자동으로 월별로 해당 예산을 받을 수 있다.[60]

3. 육아휴직

3.1 출산휴가

출산휴가는 출산 예정일 전 최대 6주와 출산 후 최소 10주로 총 16주이다. 이 기간 동안 어머니는 100%의 급여를 받으며, 이 금액은 정부의 사회보험 제도(UWV)를 통해 지급된다. 급여 지급은 일정한 상한선이 존재하며, 이는 직장 내 수입에 따라 달라진다. 임신 중에도 일을 계속할 수 있지만, 출산 4주 전부터는 반드시 휴가를 사용해야 한다.

네덜란드의 법률은 출산 휴가 동안 어머니의 고용 상태를 보호한다. 즉 출산 전후 일정 기간 동안 어머니가 해고될 수 없으며, 출산 휴가 후에는 동일한 직장으로 복귀할 수 있도록 보장한다.[61]

3.2 파트너 출산 휴가(geboorteverlof)

파트너는 자녀가 태어난 직후 1주일(5일) 동안 100% 급여를 받으며 유급 휴가를 사용할 수 있다. 이 휴가는 자동으로 적용되며, 별도의 신청 없이도 법적으로 보장된다.

1주일의 유급 휴가 외에도, 파트너는 추가로 5주간의 휴가를 사용할 수 있다. 이 추가 휴가 기간 동안에는 급여의 70%가 지급되며, 자녀 출생 후 첫 6개월 안에 사용해야 한다. 파트너는 이 추가 휴가를 연속해서 사용할 수도 있고, 업무 상황에 맞춰 분할하여 사용할 수도 있다.[62]

3.3 유급 부모 휴가

부모는 자녀가 만 8세가 될 때까지 최대 26주간의 부모 휴가를 사용할 수 있다. 이 중 첫 9주간은 급여의 70%를 받을 수 있다. 이 유급 휴가 기간은 자녀가 태어난 첫 해에 사용해야 하며, 나머지 17주간의 휴가는 무급으로 제공된다.[63]

4. 이중 언어 보육 프로그램 지원

2024년부터 네덜란드의 보육 시설에서는 네덜란드어 및 프리지어 외에도 영어, 프랑스어, 독일어로 보육이 가능해진다. 다언어 교육 환경은 어린이들의 언어 발달에 긍정적인 영향을 미칠 것으로 기대되며, 하루 최대 50%까지 다언어 교육을 받을 수 있다.

이중 언어 보육 프로그램은 단순히 언어 습득에 그치지 않고, 어린이들이 다양한 문화에 대한 이해와 수용 능력을 기를 수 있도록 도와준다. 네덜란드의 많은 보육 시설에서는 이미 영어 사용하는 교육 환경이 존재했지만, 2024년 새로운 규정을 통해 더욱 체계적으로 강화되었다. 특히 다문화 가정의 자녀들에게 유익한 이 프로그램은 자녀의 언어 교육에 있어 부모의 선택의 폭이 넓어졌다. 이중 언어 교육에 대한 수요는 더욱 증가할 것으로 보인다.

네덜란드 정부는 이중 언어 보육 프로그램을 통해 어린이들이 조기에 다언어 구사 능력을 습득할 수 있을 것으로 기대하고 있다. 또한, 이 프로그램은 부모들이 자녀의 교육에 적극적으로 참여하고, 자녀가 보다 국제적인 역량을 키울 수 있는 기회를 제공하는 데 기여할 것으로 기대하고 있다. [64]

5. 세대간 돌봄

세대 간 돌봄은 1976년 일본 도쿄에서 시마다 마사하루(Shimada Masaharu)가 어린이집과 요양원을 통합하면서 시작되었다. 이 성공적인 시도는 일본과 미국 전역에 세대 간 돌봄 시설의 확산을 불러일으켰고, 이러한 접근 방식의 긍정적인 영향이 널리 인정받았다. 이후 세대 간 돌봄 시설은 세계 여러 나라에 생겨났지만, 아직 주류로 자리잡지는 못했다. 그러나 다시 소환해서 벤치마킹하여 발전시킬 충분한 가치가 있다.

> "2050년이 되면 전례 없는 인구 변화로 인해 역사상 처음으로 노인 인구가 5세 이하의 아이들보다 많아질 것으로 예상된다. 서구 사회는 이러한 변화에 대비하지 못한 상태이며, 경제적으로 비활동적인 인구를 부담으로 보는 경향이 강화되면서 고령층 돌봄에 대한 심각한 문제들이 나타나고 있다."(톰 케터링엄)

네덜란드에는 세대 간 돌봄 시설이 있어, 노인과 어린이들을 위한 서비스를 결합하고 두 세대 간의 상호작용을 촉진하는 혁신적인 모델을 운영하고 있다. 이러한 시설들은 노인 돌봄 수요 증가와 저렴한 아동 돌봄에 대한 요구를 해결하는 동시에, 노인의 사회적 고립을 완화하는 것을 목표로 한다.

그중 하나인 TOY 프로그램(Together Old and Young)은 노인과 어린이를 함께 학습하고 소통하는 통로가 되고 있다. 이 프로그램은 네덜란드를 포함한 여러 유럽 국가에서 운영되며, 세대 간 상호작용을 통해 정신적 건강이 증진되고 고립감이 줄어들며, 세대 간 상호 이해가 향상되는 것으로 나타났다.

노인과 어린이가 함께
(출처:TOGETHER FOR THR COMMON GOOD)

또한, 일부 네덜란드의 요양원은 세대 간 데이케어 센터 모델을 채택하여, 노인 돌봄 시설과 아동 돌봄 센터를 같은 공간에서 운영하고 있다. 이 모델은 비용면에서 효율적이며, 아이들과 노인들이 자발적으로 교통할 수 있는 환경을 제공한다.

5.1 노인과 청년이 함께(세대간 주거모델)

2012년, 네덜란드 디벤터에 위치한 후마니타스(Humanitas) 요양원은 노인과 학생 모두에게 이로운 혁신적인 주거 모델을 도입했다. 이는 네덜란드 정부가 시급하지 않은 노인의 장기 요양비 지원을 중단한 이후, 많은 빈방이 생긴 상황에서 시작되었다.

반면에 학생들은 높은 임대료와 주거 공간 부족 문제에 직면해 있었다. 이에 후마니타스의 이사인 헤아 세이프커스(Gea Sijpkes)는 매달 30시간의 자원봉사 활동과 교환하여 학생들에게 무료 숙소를 제공하는 해결책을 제시했다. 학생들은 요양원에 거주하며, 노인들에게 기술 사용법을 가르치거나 예술 활동, 영화 감상 등을 함께하며 사회적 고립을 해결하는 데 기여했다. 이러한 세대 간의 상호작용은 노인들에게 활기를 불어넣고, 학생들에게는 생활비 절감을 가능하게 했다.

이 모델은 크게 성공을 거두어 네덜란드 내 다른 요양원뿐만 아니라, 프랑스 리옹과 미국 클리블랜드의 요양원에서도 유사한 프로그램이 도입되었다. 특히 클리블랜드의 Judson Manor 요양원은 예술과 음악을 전공하는 학생들을 수용하여, 후마니타스 모델을 채택했다. 이 모델은 사회적 고립 문제를 해결하고, 주택 위기 상황에서 혁신적인 대안으로 평가받고 있다.[65]

노인과 학생이 함께 (출처:https://theindexproject.org/award/nominees/1508)

6. 케어팜(Care Farms)과 저출생 정책을 접목시킬 수 있을까?

케어팜과 저출생 정책은 직접적인 연관성을 갖고 있지는 않지만, 두 가지 모두 사회적 돌봄과 지속 가능한 공동체를 목표로 한다는 점에서 상호 보완적인 역할을 할 수 있다. 즉 케어팜을 저출생 대책과 접목시키는 방법을 개발할 수 있다. 예컨대 기존의 사회적 돌봄과 가족 지원을 결합하여 육아 및 가정 돌봄 서비스로 확장하는 형태로 발전시킬 수 있다.

케어팜은 전통적인 농업과 사회적 돌봄 서비스를 결합하여, 정신 건강 문제를 겪는 사람들, 치매 환자, 위기 청소년 등에게 치유의 기회를 제공한다. 즉 케어팜에서 동물을 돌보고 작물을 재배하면서 신체적으로나 정신적으로 건강해질 수 있다. 2024년 현재, 현재 네덜란드에는 약 1,300개 이상의 케어팜이 운영되고 있다.

또한, 일부 케어팜은 별도의 교육 프로그램을 제공하여, 일반 학교 환경에서 어려움을 겪는 아이들에게 새로운 기술을 가르치기도 한다. 이처럼 케어팜은 다양한 사회적 요구를 해결할 수 있는 잠재성이 있다.

케어팜 (출처:Care Farming Network, 2024)

케어팜을 통해 출산율을 높일 몇 가지 제안을 하고자 한다. 케어팜을 가족 중심의 프로그램으로 확장하여, 부모들이 아이와 함께 농장 활동에 참여할 수 있도록 할 수 있다. 부모와 자녀가 함께 자연 속에서 시간을 보내고, 농업 활동에 참여하며 유대감을 강화할 수 있는 프로그램을 운영한다면, 부모들에게 육아의 부담을 덜어주고, 가족 간의 소통을 촉진하는 기회가 될 수 있다. 특히, 도시 환경에서 생활하는 가족들이 농업 활동을 통해 정신적, 신체적 건강을 증진할 수 있는 긍정적인 효과가 있을 것이다.

아이들이 농장에서 안전하게 놀고 배울 수 있는 공간을 제공하는 동시에 부모들이 일할 수 있는 시간을 제공할 수 있다. 이를 통해 부모들은 높은 육아 비용 부담을 덜고, 육아와 직장 생활을 병행할 수 있게 될 것이다. 이런 프로그램은 출산을 주저하는 경제적 부담을 덜어주는 대책이 될 수 있다.

케어팜이 세대 간 교류를 촉진하는 역할을 할 수 있다. 노인 돌봄과 어린이 돌봄을 결합하는 프로그램을 통해, 노인들이 아이들과 교류하며 돌봄의 역할을 분담할 수 있다. 이는 부모들의 육아 부담을 덜어줄 뿐만 아니라, 노인들에게는 사회적 고립을 완화하고, 아이들은 노인들로부터 지혜와 경험을 배울 수 있는 기회가 될 것이다.

케어팜을 통해 농촌 지역의 활성화와 가족 정착을 도모할 수 있다. 농촌 지역에 케어팜 기반의 주거 및 공동체 프로그램을 도입하면, 도시의 높은 주거비와 육아비로 인한 부담을 덜 수 있고, 농촌 지역에서 안정적인 환경 속에 가족이 정착할 수 있다. 이러한 정책은 저출생 문제 해결을 위한 장기적인 대책이 될 수 있다.

(The Care Farming Sector in The Netherlands: A Reflection on Its Developments and Promising Innovations 2020.04.03. 참조)

7. 네덜란드에서 교회가 운영하는 ECEC 기관

    네덜란드에서 교회가 운영하는 초기 유아 교육 및 보육(ECEC, Early Childhood Education and Care) 기관은 기독교적 전통을 기초로 하되 국가 교육 시스템과 조화롭게 운영되고 있다.

    네덜란드는 오랫동안 개신교와 가톨릭 교회의 영향 아래 있었다. 따라서 20세기 중반까지 많은 유아 교육 기관은 교회에 의해 운영되었다. 그러나 세속화가 진행되면서 공공 부문이 교육과 보육을 주도하게 되었고, 교회의 역할은 상대적으로 축소되었다. 그럼에도 불구하고 일부 교회가 운영하는 유아 교육 기관은 여전히 활발하게 운영되고 있으며, 특히 유아 돌봄 서비스가 환영을 받고 있다.

    암스테르담에 위치한 개신교 교회에서 운영하는 '예루살렘 교회 놀이방(Jerusalemkerk Peuterspeelzaal)'이 한 예이다.

영국
UNITED
KINGDOM

1. 역사적 배경과 인구현황

　중세 말기, 특히 흑사병으로 인해 영국의 인구는 급감했다. 14세기 중반 흑사병 이후 영국 인구는 약 25-50%가 감소한 것으로 추정된다. 이후 점진적으로 회복되었지만, 급격한 인구 성장은 18세기 말에서 19세기 초 산업혁명 시기로 접어들면서 시작되었다.

　이후 산업혁명과 농업 혁신과 함께 의료 기술의 발전으로 사망률이 감소했고, 대규모 도시화가 진행되면서 영국의 인구는 1801년 약 900만 명에서 1901년에는 약 4,000만 명에 이르렀다. 1, 2차 세계대전으로 인해 인구가 감소했으나, 전후 경제적 부흥과 더불어 '베이비 붐'이 일어났다. 이어 20세기 중후반부터 21세기 초까지 영국은 이민, 특히 전쟁 이후 경제 회복을 위한 노동력 수요로 인해 많은 해외 이민자를 받아들였다.

　2024년 기준으로 현재 영국의 인구는 약 6,800만 명에 이르고 있다. 인구는 여전히 증가 추세에 있지만, 출생률은 감소하고 있고 고령화가 주요 문제로 대두되고 있다. 런던을 비롯한 대도시에 인구가 집중되고 있으며, 영국 인구의 약 84%가 도시에 거주한다. 특히 런던과 같은 대도시는 다문화적인 특성을 강하게 보이고 있다. 영국의 출생률은 21세기 들어 꾸준히 감소하고 있으며, 2024년에는 합계출산율 약

1.6명이다. 이에 반해 기대수명은 약 81세로, 세계 평균보다 높은 수
준을 유지하고 있다.(UK population statistics 2024 참고)

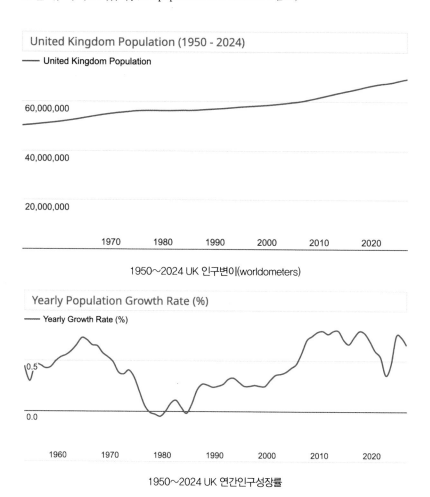

1950~2024 UK 인구변이(worldometers)

1950~2024 UK 연간인구성장률

영국 정부가 저출생 문제를 해결하기 위해 시행하는 몇몇 정책을
소개한다.

2. 자녀 수당(Child Benefit)

부모가 자녀를 키우는 데 있어 발생하는 비용을 직접적으로 지원하는 정책이다. 첫 째 자녀에 대해 주당 £21.80의 지원금을, 둘째 자녀부터는 £14.45를 제공한다. 이러한 혜택은 자녀가 16세가 될 때까지, 혹은 교육이 계속될 경우 20세까지 지급된다.(euronews 2023.03.01.)[66]

슈어스타트 출산보조금은 영국에서 소득이 낮은 가정을 대상으로 제공되는 일회성 출산 지원금이다. 이 제도는 첫 아이를 낳거나 입양하는 부모에게 £500를 지급한다. 이 지원금은 추가 자녀에 대해서는 특별한 경우에만 지급되며, 혜택을 받기 위해서는 유니버설 크레딧 또는 소득 지원과 같은 특정 복지 혜택을 받고 있어야 한다. 첫 아이를 출산하거나 입양하는 가정에 주로 지원되며, 추가 자녀를 위한 지급은 특별한 경우에만 가능하다. 즉 이 출산 지원금은 일회성 지급으로, 반환할 필요가 없다. 또한 다른 복지 혜택이나 세금 혜택에 영향을 미치지 않는다.

Sure Start
Maternity Grant

Get £500 as a grant for a new-born / adopted child

난민이나 인도주의 보호 지위를 받았거나, 아프가니스탄 또는 우크라이나에서 영국으로 피난한 경우에도 신청 가능하다. 신청은 출산 예정일 11주 전부터 출산 후 6개월 이내에 가능하며, 입양한 경우에는 입양일로부터 6개월 이내에 신청해야 한다. [67]

4. 유니버설 크레딧(Universal Credit)

유니버설 크레딧은 여러 복지 혜택을 하나로 통합하여 제공하는 시스템이. 이 제도는 저소득층이나 실업 상태에 있는 가정을 대상으로 생활비를 지원하고, 일과 가정을 병행할 수 있도록 돕는다. 즉 소득 지원, 주택 혜택(Housing Benefit), 세금 크레딧(Working Tax Credit 및 Child Tax Credit), 실업수당(Jobseeker's Allowance), 고용 및 지원 수당(Employment and Support Allowance) 등을 하나로 통합하여 신청자들이 별도의 복지 혜택을 개별적으로 신청할 필요 없이 일관된 방식으로 지원을 받을 수 있도록 한다.

유니버설 크레딧 수급자는 자녀가 있는 경우 보육비의 최대 85%를 환급받을 수 있다.

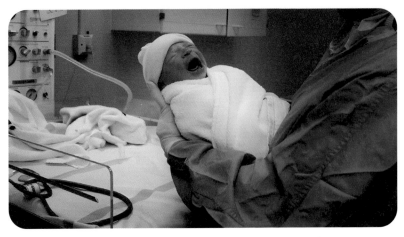

2022년 잉글랜드와 웨일즈 합계출산율 최저치 갱신
(Finantial Times 2024.02.23.)

잉글랜드와 웨일스에서 2022년 출생률이 사상 최저 수준으로 떨어졌다는 공식 통계가 발표된 바 있다. 영국 국가통계청(ONS)에 따르면, 2 2022년 영국과 웨일스에서 총 605,479명의 출생아가 탄생되었으며, 이는 2021년보다 3.1% 감소한 수치이며, 2002년 이후 가장 낮은 기록이다.

HSBC의 경제학자 제임스 포메로이는 "출산율이 낮아지면 이민 없이 영국 인구는 한 세대에 약 25-30% 감소할 수 있다."고 지적하며, 이러한 상황에서 이민 증가, 세금 인상, 공공 서비스 악화 또는 퇴직 연령 상향 중 하나를 선택해야 할 수도 있다고 경고했다.

ONS 데이터에 따르면 출산율은 30세에서 34세 사이 여성에게서 가장 높았으며, 이는 2003년 이전까지 25세에서 29세 여성들 사이에서 더 높았던 것과 비교된다. 이로 인해 여성들이 출산을 점점 더 미루고 있음을 드러낸다. 이 같은 인구 감소는 교육 시스템에도 영향을 미치고 있으며, 런던 중심부에서는 일부 초등학교가 이미 폐쇄되고 있는 상황이다.

옥스퍼드 대학교의 노년학 교수 사라 하퍼는 출산율 감소에 대응하기 위해 정부가 기술 혁신을 촉진하고, 여성들의 노동 시장 참여를 늘리며, 고령 근로자를 더 오래 유지하고, 이민자 유입을 보장해야 한다고 제안했다.[68]

5. 무료보육 서비스

영국 정부는 부모들이 자녀 양육과 직장 생활을 병행할 수 있도록 돕기 위해 무료 보육 서비스 정책을 시행하고 있다. 현재 3세에서 4세 사이의 모든 아동은 주당 30시간의 무료 보육 서비스를 이용할 수 있으며, 일부 저소득 가정의 경우에는 2세부터 무료 보육 혜택을 받을 수 있다. [69]

또한, 2024년까지는 보육 지원 범위가 더욱 확대되어 9개월부터 2세까지의 아동도 무료 보육 서비스를 받을 수 있게 되었다. 이는 저소득층 가정뿐만 아니라 모든 가정에 걸쳐 양육 부담을 줄여주고, 부모들이 일찍 직장에 복귀하거나 안정적으로 일과 가정을 양립할 수 있도록 돕는 중요한 정책 변화이다. 무료 보육 서비스 확대에 대해 전문가들은 이 같은 보육 지원이 아동의 초기 발달에 긍정적인 영향을 미치며, 사회 전반에 걸쳐 교육 기회 평등을 촉진할 것이라고 말한다.

그러나 현재 무료보육 서비스 재정이 충분하지 않아, 보육 서비스 제공자들은 비용을 충당하기 위해 추가 요금을 부과하는 경우가 많다고 한다.

영국은 부모들에게 최대 52주간의 육아휴직을 제공하며, 그 중 39주는 유급이다. 이 육아휴직 제도는 부모 모두가 사용할 수 있으며, 특히 아버지도 일정 부분을 사용할 수 있도록 보장되어 있다. 부모들은 자녀 출생 후 자녀 양육에 전념하면서도 직장을 잃을 걱정 없이 휴직을 사용할 수 있으며, 육아휴직 기간 동안 고용 보호를 받는다.

영국의 고용 보호 제도는 주로 육아휴직, 출산휴가, 병가 등 다양한 상황에서 근로자를 보호하는 법적 장치이다. 영국 고용법에 따라, 육아휴직을 사용하는 동안 고용주는 근로자의 자리를 보장해야 하며, 휴직 종료 후 근로자는 원래 맡았던 역할이나 동등한 역할로 복귀할 수 있다. 또한, 육아휴직은 부모 간 공유가 가능하여, 부부가 휴가 기간을 나누어 사용할 수 있다.

특히 여성 근로자는 임신과 출산 휴가 중에도 강력한 고용 보호를 받는다. 출산휴가를 사용하는 여성은 출산휴가 기간 동안 고용주가 해고하거나 불이익을 주는 조치를 취할 수 없다. 또한 고용 보호는 임신, 출산, 육아휴직 사용으로 인해 차별을 받지 않도록 근로자를 보호한다. 예를 들어, 육아휴직을 사용하거나 계획 중인 직원에 대해 차별적 대우를 하는 것은 불법이다. 이는 승진 기회, 보상, 고용 연속성 등 다양한 측면에서 적용된다. [70]

7. 직장 내 보육지원

영국의 일부 기업과 공공 기관에서는 직장 내 보육 시설을 운영하여, 부모들이 직장 근처에서 자녀를 돌볼 수 있도록 돕고 있다. 이는 특히 대기업에서 도입되어, 직원들에게 실질적인 혜택을 제공하며 업무 집중도를 높이는 데 기여하고 있다.

부모들은 출퇴근 시간에 자녀를 맡길 수 있다. 직장 근처에 시설들이 위치해 있어 부모들이 출근 후 바로 자녀를 맡기고 퇴근 시 바로 데려갈 수 있는 시간적으로 효율적이다. 또한 일부 대형 금융사나 공공 병원에서는 직원들을 위한 전용 보육 시설을 운영하며, 자녀 보육 서비스를 위한 재정적 지원도 하고 있다.

영국에서 직장 내 보육지원을 제공하는 일부 대기업과 공공기관을 소개한다.

PwC (PricewaterhouseCoopers): 런던 본사에서 직장 내 보육 시설을 제공하여 직원들이 자녀를 출근과 동시에 맡길 수 있도록 돕고 있다. PwC는 자녀가 있는 직원들이 직장과 가정을 병행할 수 있도록 다양한 육아 지원 프로그램을 제공하며, 특히 일과 가정의 균형을 유지하려는 부모들을 위한 유연 근무제와 함께 보육 시설에 투자하고 있다.

BP (British Petroleum): 직원들을 위해 보육 비용 보조금을 제공한다. 직원들이 자녀를 신뢰할 수 있는 보육 시설에 맡기고, 그에 대한 비용 부담을 덜 수 있게 하는 제도이다.

NHS(National Health Service:**영국 공공 의료 서비스**): 직장 내 보육 시설을 운영하고 있다. NHS는 대규모 병원 및 의료 시설에 보육 서비스를 제공하여, 의료 종사자들이 긴 근무 시간 동안 자녀를 안전하게 맡길 수 있게 한다. 특히 NHS는 의료 인력 부족 문제를 해결하기 위한 방안으로도 이 제도를 적극 시행하고 있다. 그 결과 직원 유지율이 줄어들지 않는 효과를 보고 있다. 영국의 일부 지방 자치 단체들도 직원 전용 보육 시설을 운영하고 있으며, 공공 부문에서 일하는 부모들이 자녀를 안전하게 맡기고 직무에 전념할 수 있도록 지원한다. 예를 들어, 지방 정부나 교육청에서는 공무원들이 자녀를 맡길 수 있는 보육 시설과 함께 다양한 지원을 하고 있다.

하지만 영국의 전체적인 보육 서비스는 비용 부담과 접근성에서 여전히 많은 도전 과제를 안고 있다. Coram Family and Childcare의 조사에 따르면, 영국에서 2세 미만 아동을 위한 보육 서비스가 충분한 지역은 약 57%에 불과하며, 특별한 교육적 요구(SEND)를 가진 아동을 위한 시설은 더욱 제한적이다.[71]

참고로 영국의 보육비는 선진국 중 두 번째로 높다. 최근 2세 미만 아동을 위한 영국의 전일제 보육비가 2013년 이후 연간 약 £3,000 증가했다. 보육비가 현재와 같은 속도로 계속 증가한다면, 2026년까지 런던에서는 월 보육비가 £2,000에 이를 것으로 예상된다. 이러한 비용 증가와 생활비 위기, 임금 상승 둔화로 인해 자녀를 둔 가정은 점점 더 큰 경제적 어려움에 직면해 있다.

또한, 저임금 가정, BME(흑인 및 소수 민족), 장애 아동을 둔 가정은 고품질의 보육 서비스를 제공받는 것은 하늘의 별따기와 같다. 보육 서비스 종사자들 역시 낮은 임금과 열악한 근로 조건에 처해 있다. 팬데믹 이후 인력 부족 문제는 더욱 심각해졌고 현재 채용 및 유지가 결코 만만치 않다.

8. 영국교회와 돌봄

8.1 세인트 앤드류 교회

영국의 교회들은 지역사회의 아동 돌봄에 중요한 역할을 수행하고 있으며, 그중 세인트 앤드류 교회가 대표적인 사례이다. 이 시설은 3세에서 4세 사이의 아동들을 대상으로 주 5일 운영되며, 오전과 오후 각각 3시간씩 보육 서비스를 제공한다. 만일 추가로 아이를 맡기고 싶을 때엔 Play Aloud를 이용하면 된다.

Play Aloud'는 영국의 독립적인 보육 제공 업체로 교회 돌봄센터와 협력하여 연장된 보육 서비스를 제공한다. 이 서비스를 이용하면, 표준 보육 시간 외에 추가로 30시간 무료 보육 혜택을 더욱 확장하여 이용할 수 있다.

세인트 앤드류 교회 유치원 및 보육원

8.2 영국 유니온 교회

영국의 Union Church는 지역 사회의 가정을 지원하기 위해 다양한 ECEC 프로그램을 운영하고 있다. 생후 6주부터 유치원 전까지 아동을 대상으로 하는 풀타임 아동 발전 프로그램이 있으며, 이 프로그램은 성경을 토대로 한 교육과 돌봄 서비스를 제공한다. 이 프로그램은 월요일부터 금요일까지 운영되며, 아동들에게 초기 교육의 기초뿐만 아니라, 학습 활동과 놀이를 결합한 교육과 돌봄을 통해 정서적, 사회적, 영적 발달을 돕는다.

또한 교회는 Parents' Day Out과 같은 파트타임 프로그램도 제공한다.

영국 유니언교회의 드라마 클래스(연극, 댄스, 노래를 배운다)
(출처:Union Church community center)

3-2-1 Stay & Play toddler group

Fun and safe

유니온 교회의 3-2-1세 놀이 프로그램
(월,수,목,금 성인1명+어린이1명 유료로 제공/어린이 수는 20명으로 제한

Union Church 유아교육실
(출처:UCECP Union Church Early Childhood Programs)

9. 교회 유휴공간을 이용한 지역사회 기반 아동 돌봄의 협력 모델

'슈어스타트 어린이 센터(Sure Start Children's Centres'는 1998년 설립된 저소득층 가정의 어린이들에게 필수적인 보육, 교육, 건강 및 사회적 지원을 제공하는 중요한 프로그램이다.

이 프로그램은 초기부터 지역 내 교회의 유휴 공간을 활용하여 운영 비용을 절감하고, 지역사회와의 유대감을 강화하는 방식으로 운영되었다. 교회는 지역사회에서 오랜 시간 동안 신뢰받아 온 장소로서, Sure Start 프로그램이 보다 쉽게 접근할 수 있도록 돕는 중요한 역할을 했다.

교회와 Sure Start의 협력은 지역주민들의 사회적 참여도를 높이고, 부모들이 보육과 교육에 쉽게 접근할 수 있도록 돕는 포괄적인 지원 시스템으로 자리 잡았다. 많은 부모들은 교회가 제공하는 보육 서비스를 통해 육아 부담을 덜고, 자녀들이 안전하고 교육적인 환경에서 자랄 수 있다는 점에서 큰 만족감을 표했다.

이러한 사례는 공공 서비스와 종교 기관이 협력하여 지역사회의 요구를 충족시키는 동시에, 자원을 효과적으로 활용하는 방법을 보여주는 모범적인 모델로 평가된다. 그러나 자자체 예산이 부족한 곳에서는 슈어스타트 어린이 센터의 문을 닫는 안타까운 일도 생겼다. 한 예로 2015년, 리버풀 의회는 도시 전역에 있는 17개의 슈어스타트 어린이 센터 중 10개를 폐쇄할 계획을 발표했다. 동시에 직원 수도 157명에서 94명으로 감축한 사례가 있다. 따라서 교회가 돌봄서비스를 제공할 때엔 정부와 지자체의 지원과 긴밀한 협력관계가 필수이다.

커크데일 파운틴스 로드의 슈어스타트 어린이 센터
(출처:Liverpool Echo)

1. 역사적 배경과 인구현황

프랑스의 인구는 전 세계적으로도 비교적 안정적인 출산율과 장수 인구를 자랑한다. 인구수 역시 유럽국가 가운데 제법 많은 편이다. 14세기 중반, 흑사병(1347~1351)이 유럽을 강타하며 프랑스 인구는 최대 50% 감소했지만, 이후 천천히 회복되었다. 17세기 말에는 프랑스 인구가 약 2,200만 명에 달하며 유럽에서 가장 인구가 많은 국가 중 하나로 자리 잡았다. 이는 경제적, 정치적 번영을 가능하게 하는 중요한 요소였다. 그러나 20세기에 접어들며 두 번의 세계대전은 프랑스 인구에 큰 타격을 주었다. 제1차 세계대전과 제2차 세계대전은 전쟁으로 인한 사망자 수와 출생률 저하로 인해 인구 증가를 둔화시켰다. 하지만 전쟁 후 복구와 경제 재건을 통해 다시 인구가 성장했다.

제2차 세계대전 이후, 프랑스는 다른 서구 국가들처럼 베이비붐 시대를 지났다. 1945년부터 1975년까지 출생률이 급증했으며, 이 시기에 태어난 베이비붐 세대는 오늘날 프랑스 인구 구조에서 중요한 역할을 하고 있다. 그러나 1970년대 이후 프랑스도 저출산 문제에 직면하게 되었지만, 정부의 적극적인 가족 정책 덕분에 프랑스는 다른 유럽 국가들에 비해 비교적 높은 출산율을 유지하고 있다. 이는 출산 장려금, 육아 지원, 가족 지원 제도 등의 정책 덕분이다.

2021년 기준으로, 프랑스의 인구는 약 6,740만 명으로, 유럽연합 (EU) 내에서 독일에 이어 두 번째로 인구가 많다. 프랑스의 합계출산율은 2020년 기준으로 1.84명으로, 이는 2010년대 초반의 2.0명에 비해 다소 감소한 수치이지만, 여전히 유럽연합 평균인 1.53명보다 높은 편이다.

프랑스 인구 증가의 주요 요인 중 하나는 이민이다. 1960년대 이후 경제 성장을 위해 많은 이민자들이 프랑스로 유입되었으며, 이 중 다수는 북아프리카, 사하라 이남 아프리카, 중동 지역 출신이다. 이로 인해 프랑스는 다문화 사회로 변화했으며, 2021년 기준으로 전체 인구의 약 10%가 이민자 출신으로 구성되어 있다.

2024년 현재, 프랑스 인구는 지속적으로 증가 중이며, 이민과 높은 출산율 덕분에 유럽연합 내에서 인구 구성의 변화를 주도하고 있다. 프랑스 정부는 저출산 문제를 해결하기 위해 계속해서 가족 지원 정책을 강화하고 있으며, 이민자 사회와의 통합을 위해 노력하고 있다. 장기적으로 프랑스는 유럽의 다른 국가들보다 안정적인 인구 증가를 보일 것으로 예상되며, 이로 인해 경제적, 사회적 역동성을 유지할 가능성이 크다.

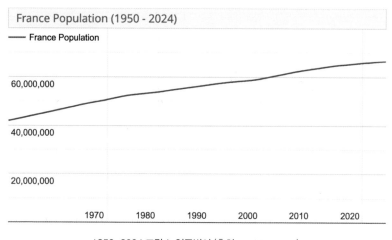

France Population (1950 - 2024)

1950-2024 프랑스 인구변이 (출처:worldometers)

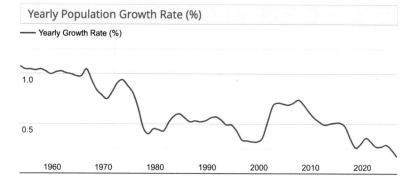

Yearly Population Growth Rate (%)

1950-2024 프랑스 연간인구성장률(출처:worldometers)

2.1 가족 수당(Allocation Familiale)

프랑스의 가족 수당 제도는 1932년에 도입되었다. 당시 이 제도는 산업화와 대공황 시기에 사회적 안전망으로서 가정을 지원하는 역할을 했다. 처음 도입 당시 가족수당은 주로 노동자 계층을 대상으로 했으며, 다자녀 가정에 경제적 혜택을 제공했다. 이후 수십 년 동안 가족수당은 확대되고 개편되면서 더 많은 가정이 혜택을 받을 수 있도록 보편화되었다.

20세기 중반에 들어서면서 가정의 소득과 관계없이 자녀가 두 명 이상인 가정에 보편적으로 제공되기 시작했다. 가족수당의 도입은 당시 유럽에서도 선도적인 사회복지 정책으로 평가되었으며, 프랑스 정부는 이를 통해 프랑스는 1960년대부터 유럽에서 상대적으로 높은 출산율을 유지할 수 있었다.

1960년대 이후, 경제 성장과 더불어 이민자 유입이 활발해지면서 프랑스 정부는 이민자 가정에도 가족 수당을 제공했다. 가족 수당은 CAF(Caisse d'Allocations Familiales)에 의해 관리되며, 가족 수당은 자녀가 있는 모든 가정에 제공되며, 자녀 수와 가정의 소득에 따라 액수가 달라진다.

2024년 현재, 프랑스의 가족수당 제도는 더욱 세분화되고, 가정의 소득에 따라 차등 지급되는 방식으로 운영되고 있다. 자녀가 두 명 이상인 가정에 가족수당이 지급되며, 수당의 금액은 가정의 연간 소득과 자녀의 나이에 따라 달라진다.

두 자녀를 둔 가정의 경우, 연간 소득이 약 1억 495만 2400원 이하인 가정은 매달 최대 약 20만 7,928원을 받을 수 있다. 만약 소득이 약 1억 495만 2400원에서 1억 1,369만 6800원 사이일 경우 매달 약 10만 3,964원이 지급되며, 이보다 소득이 높은 가정은 약 5만 1,982원을 받게 된다. 14세 이상의 자녀에게는 추가로 매달 약 10만 3,964원이 지급된다. 세 자녀 이상을 둔 가정은 기본적으로 매달 약 47만 4,334원을 받을 수 있으며, 14세 이상의 자녀에 대해서는 추가 수당이 있다.[72]

2.2 육아 휴직, PreParE

PreParE (Prestation Partagée d'Éducation de l'Enfant)는 프랑스 정부가 자녀 양육을 지원하기 위해 제공하는 재정적 지원 프로그램이다. 즉 육아 휴직과 관련된 재정 지원 제도로, 프랑스의 포괄적인 가족 지원 정책 중 하나이다.

기존의 CLCA (Complément de Libre Choix d'Activité) 대신 2015년에 도입된 PreParE는 자녀 양육을 위한 부모의 휴직을 지원을 주 목표로 한다.

기본적으로 부모는 첫 자녀의 경우 최대 6개월, 두 번째 자녀 이상의 경우 최대 24개월까지 PreParE 혜택을 받을 수 있다. 두 명 이상의 자녀가 있는 경우, 자녀가 3세가 될 때까지 지원이 가능하다. 또한,

부모가 모두 육아휴직을 나눠 사용할 경우, PreParE 지원 기간이 연장된다. 또한 PreParE는 육아휴직을 사용하는 기간 동안 지급되며, 부모의 소득과 무관하게 일정한 보조금이 제공된다. 지급 금액은 부모의 근로 시간과 육아휴직 여부에 따라 달라진다. 즉 완전 육아휴직을 사용하는 부모는 2024년 기준으로 월 약 400유로(약 56만 원)의 보조금을 받는다. 근무 시간 축소 (파트타임 근무) 시 보조금은 줄어들며, 근무 시간에 따라 금액이 차등 지급된다.

부모가 육아휴직 기간을 공동으로 나누어 사용할 수 있다. 육아휴직 기간을 부모가 나눠서 사용할 때 혜택이 연장된다. 즉, 한 명의 부모가 휴직을 사용하는 경우와 비교하여 양쪽 부모가 번갈아가며 휴직을 사용하면, 보조금 지원 기간이 더 길어진다.

PreParE 도입 이후, 부모의 육아휴직 참여율도 증가했다. 특히 아버지의 육아휴직 참여율이 과거보다 높아졌다. 2024년 현재, PreParE는 여전히 프랑스의 대표적인 가족 지원 프로그램 중 하나로 운영되고 있다.[73]

2.3 출산휴가와 아빠휴가

프랑스의 출산휴가(Maternity Leave)는 1909년에 처음 도입되었다. 처음에는 매우 짧은 기간과 제한된 보상만 제공되었으나, 시간이 지나면서 여러 개정과 확대를 거쳤다. 제2차 세계 대전 이후부터 본격적으로 국가 차원의 사회복지 정책이 강화되면서 출산휴가 또한 확대되었다. 또한 1970년대에는 여성의 노동권과 사회적 권리를 강조하는 움직임이 확산되면서 출산휴가의 보장이 한층 더강화되었고, 1980년대와 1990년대에는 휴가 기간이 연장되고, 임신 중 또는 출산 직후의 여성 근로자에게 더 강력한 법적 보호를 시행했다.

현재 프랑스의 출산휴가는 여성에게 16주간의 기본적인 유급 휴가를 제공한다. 첫 6주는 출산 전, 나머지 10주는 출산 후에 사용할 수 있으며, 이 기간 동안 급여의 100%가 지급된다. 다둥이를 출산하거나 세 번째 자녀 이상을 출산하는 경우에는 최대 26주까지 출산휴가를 사용할 수 있다. 또한, 건강 상의 이유로 출산휴가가 더 필요할 경우 의사의 진단에 따라 기간이 연장될 수 있다.

프랑스의 출산휴가 제도는 다른 유럽 국가들과 비교했을 때 상대적으로 우수하다. 특히, 출산 전후 기간 동안 여성의 직업 보장을 법으로 강력하게 규정하여 직장 내 성평등을 증진시키고, 육아에 있어 남성의 참여를 촉진하는 점에 있어서 그러하다.

또한 출산휴가는 아빠 휴가(Paternity Leave) 제도와 연계되어 있다. 프랑스의 아빠 휴가는 2002년에 도입되었으며, 당시에는 11일간의 유급 휴가가 제공되었다. 유럽 내에서도 비교적 이른 시기에 아빠 휴가를 도입했다. 그뿐아니라 유럽연합(EU)의 다른 국가들과 비교했을 때, 프랑스의 아빠 휴가 기간은 길며, 특히 100% 급여 보장한다는 점에서 눈길을 끈다.

아빠 휴가는 출산 후 4개월 이내에 사용할 수 있다. 2021년, 프랑스 정부는 아빠 휴가의 기간을 28일로 대폭 연장했다. 새로운 법에 따라 남성들은 출산 후 7일의 의무적 유급 휴가와 추가로 선택할 수 있는 21일의 선택적 휴가를 받을 수 있게 되었다.

2024년 현재, 28일간의 유급 휴가 중 7일은 필수이며, 근로자는 출산 후 6개월 이내에 휴가를 사용할 수 있다. 급여는 기본적으로 100% 보장된다. 쌍둥이나 다둥이 출산의 경우 아빠 휴가는 32일로 연장될 수 있다.[74]

LINEE(Lawyers International Network for Employees and Executives)
2022.02.09. by Karen Durand—Hakim)

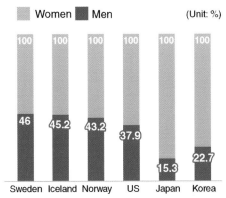

Parental leave takers by gender

Women　Men　(Unit: %)

	Sweden	Iceland	Norway	US	Japan	Korea
Women	100	100	100	100	100	100
Men	46	45.2	43.2	37.9	15.3	22.7

Source: OECD Family Database

성별로 본 출산휴가 이용비율 (2021년 기준 OECD Family Database)

2.4 소득세 감면제도 (Quotient Familial)

프랑스는 소득세 감면제도(Quotient Familial)를 통해 자녀를 많이 둔 가정에 대한 세금 부담을 줄이고 출산을 장려해왔다. 이것은 자녀가 많을수록 더 큰 세금 혜택을 받도록 하는 제도이다. 가구의 총 소득을 가구원 수에 따라 나눈 후 해당 금액에 대해 소득세를 계산한다. 예를 들어, 부부가 자녀 한 명을 둔 경우, 가구 소득을 2.5로 나누어 소득세를 계산하며, 자녀가 두 명일 경우 소득은 3으로 나누어 계산한다.

부부(자녀가 없는 경우): 총 소득을 2로 나누어 계산

자녀가 한 명 있는 부부: 총 소득을 2.5로 나누어 계산

자녀가 두 명 있는 부부: 총 소득을 3으로 나누어 계산

자녀가 세 명 있는 부부: 총 소득을 4로 나누어 계산

소득세 감면제도에는 일정 한도가 적용된다. 2024년 기준, 자녀 한 명당 받을 수 있는 세금 감면의 상한선은 약 1,678유로(약 240만 원)이다. 다자녀 가정은 이 상한선을 기준으로 추가적인 혜택을 받을 수 있으며, 3자녀 이상을 둔 가정은 이 한도가 더 확대된다.[75]

프랑스식 소득세 감면 제도의 효과를 이해하기 위해, 한국의 소득세 계산 방식을 프랑스식 제도로 적용해 보면 그 차이를 쉽게 알 수 있다. 예를 들어, 한국에서 연봉 1억 5,000만 원을 버는 외벌이 4인 가구(배우자와 자녀 두 명)의 경우, 한국식 소득세는 연간 약 2,968만 원이다. 한국에서는 개인 소득에 대해 근로소득공제와 인적공제 후 세액이 산출되며, 과세표준에 따라 최고 세율 35%가 적용된다.

하지만 동일한 가구가 프랑스식 가족계수를 적용해 세금을 낼 경우, 소득이 가족계수인 3으로 나누어져 계산된다. 연봉 1억 5,000만원을 3으로 나누면, 각자의 과세 소득은 약 4,425만 원이다. 그 결과 각 개인의 세율이 낮아지고, 최고 세율 35% 대신 15%가 적용되어 총 세금은 약 1,667만 원으로 줄어든다. 이는 한국식 소득세 계산 방식에서 내야 하는 세금보다 약 56.2% 낮은 수준이다. (《한경》 2023.05.30., '세금 절반 깎아줬더니…프랑스의 '1.8명' 출산율 비결 [강진규의 데이터너머]' 참조)

2.5 주택지원 정책, APL

APL((Aide Personnalisée au Logement)은 프랑스 정부가 제공하는 주거비 보조금으로, 가정의 경제적 상황과 자녀 수를 고려하여 차등 지급된다. 이 보조금은 임대 주택에 거주하는 가구를 대상으로 하며, 월세의 일부를 보조받을 수 있다. APL은 가구의 소득, 주거지 위치, 자녀 수, 그리고 월세에 따라 보조금 액수가 달라진다. 즉 소득이 낮을수록, 자녀 수가 많을수록 지원 금액이 늘어난다.

2024년 기준으로 자녀가 있는 가정의 경우 월세의 50%에서 70%까지 지원을 받을 수 있으며, 저소득층일수록 더 많은 보조금을 받는다. 특히 다자녀 가정에 대한 지원이 강화되어, 자녀 수가 많을수록 보조금 비율이 증가한다. [76]

APL은 주거지의 위치, 가구의 총 소득, 월세, 그리고 자녀 수에 따라 보조금이 산정된다. 프랑스 대도시의 경우 주거비가 상대적으로 높기 때문에 APL 지원 금액도 높아질 수 있다.

2.6 프랑스 ECEC와 종교기관

프랑스의 유아 교육 및 보육 시스템은 19세기 후반부터 시작된 크레슈(crèche)와 공립 유치원(maternelle) 제도를 중심으로 발전해 왔다. 크레슈는 주로 0세에서 3세 사이의 영유아를 위한 보육 시설로, 보육 서비스를 제공하며, 마터넬은 만 3세에서 6세 아동을 위한 의무 교육 기관이다. 1960년대 이후, 여성의 경제 활동 참여 증가와 더불어 정부는 보육 서비스를 더욱 확장하기 시작했고, 1980년대에 들어서면서 모든 가정이 이용할 수 있는 가정 기반 보육 시스템도 마련되었다.

프랑스의 ECEC 시스템은 공립 유치원, 크레슈(crèche), 가정 기반 보육 등 다양한 형태로 구성되어 있으며, 만 3세부터 6세까지의 아동은 의무적으로 유아학교(maternelle)에 다닐 수 있다. 2024년 현재, 프랑스의 유아학교는 모든 아동에게 무상으로 제공되며, 이는 3세부터 6세까지의 아동이 의무적으로 참여하도록 되어 있다. 프랑스에서 3세에서 5세 사이의 아동의 약 97%가 유아학교에 등록되어 있다.

프랑스의 포괄적인 ECEC 시스템은 출산율 유지와 인구 증가에 긍정적인 영향을 미쳤다. 2024년 프랑스의 합계 출산율은 여성 1인당 1.8명으로, 이는 유럽 연합(EU) 평균인 1.5명보다 높은 수치이다. 이러한 높은 출산율은 정부의 강력한 ECEC 정책 덕분에 유지되고 있다. 프랑스 정부는 저소득 가정을 위한 보육비 지원을 강화하고 있으며, 소득에 따라 보육비의 최대 85%까지 지원하고 있다.

프랑스에서 초기 보육 시스템은 종교 기관, 특히 가톨릭 교회에 의해 주도되었다. 교회는 빈곤한 가정의 아이들을 보호하고 교육하는 중요한 역할을 했으며, 이는 19세기 산업화와 도시화가 진행되면서 더욱 두드러졌다. 크레슈(crèche)와 같은 형태의 보육 시설은 19세기 말에 교회와 자선 단체에 의해 주로 운영되었다. 이 시기에 교회는 여성들이 일할 수 있도록 아이들을 돌보는 데 중요한 역할을 했으며, 조기 아동 교육의 기반을 마련했다.

그러나 제3공화국(1870-1940년) 시기에 들어서면서, 교육과 보육 시스템을 국가가 주도하게 되었다. 1905년의 정교 분리법에 따라 교회와 국가가 공식적으로 분리되었으며, 교육과 보육은 국가의 책임으로 전환되었다. 이후 교회의 역할은 줄어들었고, 공립 유치원과 보육 시스템이 발전하면서 교회가 운영하는 시설의 영향력은 감소했다.

2024년 기준으로 프랑스의 ECEC 시스템은 대부분 국가 주도로 운영되고 있으며, 교회의 역할은 극히 제한적이다. 현재는 일부 사립 교회 시설이 존재하지만, 이는 전체 시스템 내에서 차지하는 비중이 매우 적다. 그러나 일부 종교 단체와 가톨릭 교회는 여전히 교육 및 보육을 지원하는 역할을 하고 있다. 특히, La micro-crèche와 같은 소규모 크레슈(crèche) 형태로 교회나 종교 단체에서 운영하는 보육 시설이 있으며, 주로 종교적 가치와 교육을 제공하는 데 중점을 둔다

3. 교회 유휴공간을 활용한 돌봄과 정부지원

프랑스에서 교회의 유휴 공간을 활용한 소규모 어린이집(La micro-crèche) 운영은 최근 몇 년간 중요한 사회적 대안으로 주목받고 있다. 신도 수 감소와 더불어 교회 건물의 유휴 공간이 늘어나자, 이를 지역사회와 가정의 보육시설로 변환하는 사례가 늘어나고 있다. 이러한 활용 방식은 경제적이고 효율적인 해결책으로 평가받고 있으며, 교회는 이를 통해 지역사회의 다양한 필요를 충족시키고 사회적 역할을 확장할 수 있다.

교회와 지역사회가 협력하여 소규모 어린이집을 운영할 경우, 지역 주민들에게 저렴한 보육 서비스를 제공할 수 있다. 교회 공간이 보육시설로 개조되면서, 종교적 성격을 배제한 중립적인 프로그램을 운영할 수 있으며, 다양한 가정이 이용할 수 있도록 접근성을 높이고 있다. 특히 프랑스 정부의 CAF(Caisse d'Allocations Familiales) 보조금을 통해, 소득에 따라 보육비의 최대 85%까지 지원이 가능하므로 저소득층 가정도 혜택을 받을 수 있다.[77]

이러한 교회 유휴 공간에서 운영되는 소규모 어린이집에서는 각 아이에게 최적화된 보육과 교육을 제공할 수 있다. 무엇보다 보육 시설 부족이 큰 문제인 대도시 지역에서 특히 중요한 역할을 한다. 교회는 이 시설을 통해 지역사회의 보육 수요를 충족시키며, 어린이집 입소 대기 시간이 긴 대도시의 부모들에게 유용한 해결책이 되고 있다.

프랑스 교회 돌봄 플랜
(출처:Procare Solutions Procare Solutions은 어린이집, 유아 교육 기관, 그리고 관련 어린이 돌봄 시설을 운영하는 사업체를 위한 종합 관리 소프트웨어를 제공하는 기업체이다.)

교회의 유휴 공간을 크레슈로 개조할 때는 아동의 안전과 위생을 보장하기 위한 개조 작업이 필수적이다. 또한 정부의 규제와 허가가 필요다. 그러나 교회 유휴공간의 시설 개조는 공공 자원의 효율적인 활용과 보육 시설 확충이라는 두 가지 목적을 동시에 달성할 수 있는 좋은 사례로 평가받고 있다.[78]

프랑스 가톨릭 교회가 운영하는 사립 어린이집은 "école maternelle privée confessionnelle" 또는 "crèche privée confessionnelle"로 불리며, 중립적으로 운영되긴 하나 교육 프로그램에는 신앙교육을 포함 시키는 곳도 종종 있다.

이를테면 La Maison de l'Enfance Saint-Charles는 1862년에 설립된 파리 15구에 위치한 가톨릭 교회 유아돌봄 및 교육 센터이다. 이 교회는 오랫동안 고아원, 학교, 병원 등으로 활용된 바 있다. 그런데 최근에는 종교 교육과 사회적 통합을 목표로 하는 복합적인 시설로 재탄생했다. 또한, 이곳은 Habitat et Humanisme 단체와 협력하여 취약계층 지원, 세대 간 상호작용을 촉진하는 공간으로 발전하고 있다.[79]

Ecole Maternelle Sainte-Marie는 프랑스 여러 도시에 위치한 가톨릭 사립학교로, 유아부터 초등학생까지 신앙을 바탕으로 한 전인 교육을 목표로 운영되고 있다. 이 학교는 국가 교육 프로그램과 연계하여 운영되고 있다.[80]

4. 저출생 극복을 위한 사회적 기금

    프랑스는 저출생 문제를 해결하기 위해 사회적 기여금(Cotisations sociales)이라는 독특한 재원 마련 방식을 도입하고 있다. 이 제도는 근로자와 고용주가 부담하는 사회 보험료를 통해 조성된 기금으로, 이를 통해 유아 교육, 보육 서비스, 부모 휴가 제도 등의 가족 지원 정책을 재정적으로 뒷받침한다. 프랑스의 사회적 기여금 시스템은 저출생 문제 해결에 중요한 역할을 하고 있으며, 이는 프랑스의 출산율을 비교적 안정적으로 유지하는 데 기여하고 있다.

    프랑스의 사회적 기여금은 근로자와 고용주가 소득의 일정 비율을 사회 보험료로 납부하는 구조로 운영된다. 이 기금은 다양한 사회 보장 프로그램의 재원으로 사용되며, 그 중에서도 가족 지원 정책에 상당 부분 할당된다. 구체적으로, 기금의 일부는 출산 장려금, 유아 교육 및 보육 서비스, 부모 휴가 지원 등에 사용되며, 이러한 지원은 자녀를 둔 가정의 경제적 부담을 경감시킨다.

    프랑스는 다자녀 가정에 대한 세금 감면과 출산 장려금을 제공함으로써 출산율을 높이려 하고 있다. 사회적 기여금으로 마련된 재원은 이러한 경제적 인센티브를 지원하는 데 중요한 역할을 한다. 예를 들어, 프랑스에서는 세 번째 자녀부터 상당한 세금 감면 혜택이 제공되며, 출산 장려금 또한 자녀 수에 따라 차등 지급된다. 이러한 재정적 지원은 프랑스의 출산율이 2010년대 초반까지 여성 1인당 약 2명에 근접하게 유지되는 데 기여했다.[81]

프랑스의 사회적 기여금 제도는 저출생 문제를 해결하는 데 있어 중요한 재정적 기반을 제공하고 있다. 이 제도를 통해 프랑스 정부는 출산과 양육에 대한 지원을 안정적으로 제공할 수 있었으며, 이는 출산율 유지뿐만 아니라 성평등과 가족 복지 증진에도 긍정적인 영향을 미쳤다. 특히, 부모 휴가 제도와 보육 서비스는 여성의 경제 활동 참여를 촉진하고, 가정 내에서의 역할 분담을 재정립하는 데 기여했다.

프랑스의 사회적 기여금 시스템은 저출생 문제 해결을 위한 성공적인 사례로 평가받고 있지만, 미래에는 새로운 도전과 과제가 예상된다. 인구 고령화로 인해 사회적 기여금의 부담이 증가할 가능성이 있으며, 이를 유지하기 위한 추가적인 재원 마련 방안이 필요할 것이다. 또한, 출산율이 다시 하락세를 보일 경우, 프랑스 정부는 더욱 혁신적인 가족 지원 정책과 재정적 전략을 개발해야 할 것이다.

결론적으로, 프랑스의 사회적 기여금 제도는 저출생 문제를 해결하기 위한 강력한 재정적 도구로 자리 잡고 있으며, 이 제도가 프랑스의 인구 구조와 경제 안정성에 미친 긍정적인 영향을 지속적으로 평가하고 발전시키는 것이 중요하다.

이처럼 다양한 정책을 프랑스 정부가 펼치고 있지만 저출생 문제 해결의 핵심은 정권이 바뀌어도 일관성을 유지하는 것이다. 특히 프랑스의 가족정책 정책 전문가들은 이 점을 강조한다. 정책 입안자들 사이에서도 저출생 정책은 장기적인 안목으로 접근해야 한다는 인식이 널리 퍼져 있다. 그렇다보니 정치적 리더십의 변화에도 불구하고 저출생 관련 정책들을 일관되게 유지하려는 노력이 잘 드러난다.

실제로 프랑스의 비교적 높은 출산율 유지의 중요한 요인 중 하나는 일관된 가족 지원 정책이다. 프랑스에서는 아이 수당, 주택 보조금 (APL) 등의 정책이 시간에 따라 세부적으로 변화했지만, 그 기본적인 원칙은 오랜 기간 유지되었다. 이처럼 장기적인 접근은 출산율 저하로 인한 경제적, 사회적 영향을 극소화 시키는데 크게 기여했다.

무엇보다 프랑스의 가족 정책 및 인구 관련 문제를 다루는 자문 기구인 HCPF(Le Haut Conseil de la Population et de la Famille)는 가족 정책이 장기적으로 일관성을 유지해야 한다는 점을 강조하고 있다.[82]

독일
GERMANY

1. 역사적 배경과 인구현황

유럽에서 가장 인구가 많은 국가 중 하나이며, 경제적 강국인 독일의 인구구조는 복잡하다. 1900년대 초반 독일은 산업화로 인해 인구가 급격히 증가하기 시작했다. 1910년에는 독일 인구가 약 6,500만 명에 달했다. 그러나 제1차 세계대전)과 제2차 세계대전은 독일 인구에 큰 타격을 입혔다. 전쟁으로 인한 군인 및 민간인 사망자가 급증했으며, 전후 경제적 어려움으로 출산율이 급락했다.

1945년 제2차 세계대전이 끝난 후, 독일은 동서로 분단되었다. 서독은 미국과 서방 연합국의 지원을 받아 빠르게 경제를 재건하면서, 이민자들을 받아들이며 인구 증가를 유지했다. 특히 게스트아르바이터(Gastarbeiter)로 불리는 외국인 노동자들이 경제 성장에 중요한 역할을 했으며, 이를 통해 서독의 인구는 꾸준히 증가했다.

반면 동독은 공산주의 체제 하에서 경제적 어려움을 겪으며 인구유출이 빈번했다. 많은 동독 주민들이 서독으로 이주하면서, 동독은 인구 감소와 저출산 문제에 직면했다. 그러나 1990년 독일 통일과 함께 인구 구조는 크게 달라졌다. 통일 당시 독일의 인구는 약 7,800만 명이었다. 그러나 통일 이후 동독 지역의 경제적 어려움으로 인해 많은 사람들이 서독으로 이주하면서 동독 지역의 인구는 감소하고 출산율도 저조한 상태가 지속되었다.

2024년 현재, 독일의 인구는 약 8,450만 명으로 추산되며, 이는 유럽연합(EU)에서 가장 큰 수치이다. 독일의 인구는 전년도에 비해 소폭 증가했는데, 대부분 이민에 의한 것이다. 독일의 합계출산율은 2024년 기준 1.58명으로, 인구 대체 수준인 2.1명을 크게 밑돌고 있다. 이는 독일이 자체적으로 인구를 유지할 수 없는 상황임을 의미한다.[83]

최근 몇 년간 독일 인구 증가의 주요 원인은 동유럽과 중동에서의 순이민 증가이다. 특히 우크라이나 난민 유입이 큰 영향을 미쳤다. 2022년에는 우크라이나 전쟁으로 인해 약 110만 명의 인구가 독일로 유입되었다. 또한 독일은 세계에서 가장 고령화된 국가 중 하나로, 2024년 기준으로 65세 이상 인구가 전체 인구의 약 23%에 달한다. (독일 연방 이민 및 난민청 (BAMF))

2. 독일의 저출생 문제 대응 정책

2.1 부모수당(Elterngeld)

독일의 부모수당, 엘터른겔트(Elterngeld)는 2007년 처음 도입되었다. 이후, 독일의 출산율은 점진적으로 증가했으며, 특히 남성의 육아 참여율이 증가했다. 2024년 기준, 독일의 합계출산율은 1.58명으로 이전보다 개선되었다.(2024 독일 가족부)

엘터른겔트는 부모 중 한 명이 육아 휴직을 선택했을 때, 그 기간 동안 이전 소득의 약 67%를 지원해준다. 지원 기간은 기본적으로 12개월이며, 부부가 나눠서 육아 휴직을 사용하는 경우 최대 14개월까지 연장할 수 있다. 부모 모두가 휴직에 참여할 수 있도록 부부가 각각 최소 2개월 이상 휴직을 할 경우 추가로 2개월의 수당이 지급되는 방식이다.

부모가 받는 엘터른겔트의 금액은 소득에 따라 달라지며, 최소 300유로에서 최대 1,800유로까지 지원된다. 소득이 적은 가정일수록 이전 소득의 67% 이상을 받을 수 있으며, 특히 소득이 낮거나 무소득인 가정은 더 많은 지원을 받게 된다.

일반 엘터른겔트 외에도 독일 정부는 엘터른겔트플러스

(ElterngeldPlus) 제도를 운영하고 있다. 이 제도는 부모가 육아 휴직 기간 중에 파트타임으로 일을 병행할 수 있도록 설계된 것으로, 기존 엘터른겔트와 동일한 금액을 더 오랜 기간(최대 28개월) 동안 나누어 받을 수 있다.

> "2023년에는 여성 130만 명, 남성 462,000명이 부모 수당을 받았다. 아버지의 비율은 26.2%로 거의 변함이 없다. 부모수당을 받는 전체인구 180만 명 중 한부모가족은 5만400명이다. 그 중 97.8%가 여성이었다. 2023년 부모수당 지급 예정 평균 기간은 여성이 14.8개월로 남성 3.7개월보다 현저히 길다."(독일 통계청 2024년 3월 27일 보도자료)

2.2 파트너 보너스(Partnerschaftsbonus)

파트너 보너스는 부모가 육아와 직장 생활을 병행할 수 있도록 장려하는 인센티브 제도로, 엘터른겔트(부모수당)의 확장된 형태다. 부모 모두가 일정 시간만큼 파트타임으로 근무할 때, 최대 4개월간 추가 수당을 받는다. 이 보너스는 부모가 모두 참여할 때만 적용되며, 성별에 상관없이 부부가 각각 주당 25시간에서 30시간 동안 근무해야 한다.

2024년 현재, 파트너 보너스를 사용하는 가정의 비율은 꾸준히 증가하고 있으며, 남성들의 육아 참여 또한 증가했다. 아울러 가정 내 성 역할에 대한 전통적인 고정관념이 서서히 변화하고 있다. 통계에 따르면, 2024년에는 20% 이상의 아버지가 이 제도를 이용하고 있다. 2010년대 초반에 비해 크게 늘어난 수치이다.[84]

그러나 여전히 많은 부모들이 고용 안정성과 경제적 여건 때문에 파트타임 근무를 선택하지 못하고 있다. 특히 중소기업이나 자영업 종사자들 사이에서는 파트타임 근무가 현실적으로 어려운 경우가 많아, 파트너 보너스의 혜택을 받지 못하는 이들이 존재한다. 이에 따라 독일 정부는 직장 내 유연 근무 제도 확산과 함께 소규모 기업에도 파트타임 근무를 더 쉽게 도입할 수 있는 환경 조성을 추진 중이다.

2.3 육아휴직(Elternzeit)

독일의 부모 육아휴직제도는 1980년대 초반에 도입되어 여러 차례 개정을 거치며 현재의 형태로 발전했다. 초기에는 주로 어머니에게만 육아휴직의 혜택이 제공되었고, 휴직 기간도 상대적으로 짧았다. 그러나 시간이 지나면서 부모 모두가 육아휴직을 사용할 수 있도록 정책이 확장되었고, 특히 아버지의 육아 참여를 장려하는 방향으로 변모했다. 1986년엔 부모 모두가 육아휴직을 사용할 수 있는 법적 권리를 보장하기 시작했다.

독일의 부모 육아휴직제도는 매우 포괄적이다. 부모는 자녀 출생 후 최대 3년 동안 육아휴직을 신청할 수 있으며, 이 기간 동안 고용 보장을 받는다. 부모는 육아휴직이 끝나면 원래 직장으로 복귀할 수 있는 권리를 갖게 된다.

육아휴직 사용방식도 유연하다. 예를 들어, 부모는 자녀가 태어난 직후부터 육아휴직을 사용할 수 있지만, 일부 휴직 기간을 자녀가 8세가 될 때까지 유예할 수 있다. 이러한 유연성 덕분에 부모는 자녀의 필요에 맞춰 휴직 기간을 조정할 수 있다. 독일 통계청에 따르면,

2024년 현재 독일 남성의 약 40%가 육아휴직을 사용하고 있다고 한다.

그러나 여전히 해결해야 할 과제들도 존재한다. 특히 중소기업이나 자영업자들은 긴 육아휴직을 허용하는 데 어려움을 겪고 있으며, 일부 부모들은 경제적 이유로 육아휴직을 최대한 사용할 수 없는 상황이다. 또한, 일부 부모들은 직장 복귀 후 경력 개발에서 차별을 겪거나, 직장 내에서 승진 기회를 놓치는 경우도 있다.

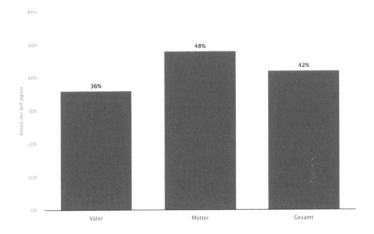

"현재 장기 육아휴직이 어머니와 아버지 모두에게 사회적으로 동등하게 받아들여지고 있다고 생각하는가?"라는 질문에 대해 "그렇지 않다"라고 답한 응답자 비율
(출처: 2024 독일 statista 2024.03.26통계)

2.4 자녀수당

자녀수당은 독일 정부의 중요한 출산 장려 정책 중 하나이다. 2024년 기준으로, 독일에서 제공되는 자녀수당은 자녀 1인당 매월 약 250유로이다. 자녀수당은 자녀가 18세가 될 때까지 지급된다. 그러나 특

정 조건을 충족하는 경우 지급 기간이 연장될 수 있다. 즉 자녀가 대학교에 다니거나 직업 훈련을 받고 있는 경우, 25세까지 자녀수당 지급이 계속된다. 이 외에도 자녀가 질병이나 장애로 인해 경제적으로 독립할 수 없는 상황일 경우, 추가적인 연장이 가능하다.

자녀수당은 출생 즉시부터 지급되며, 둘째 자녀와 셋째 자녀부터도 동일한 금액을 지급받을 수 있다. 다자녀 가정의 경우, 자녀수가 많아질수록 더 많은 혜택을 받는다.

2024년 기준으로, 약 70억 유로 이상이 자녀수당으로 지출되고 있으며, 이는 독일의 전체 복지 예산 중에서도 큰 비중을 차지한다.[85]

	ab 01.01.2022	ab 01.01.2023	ab 01.01.2024
1. Kind	219 Euro	250 Euro	250 Euro
2. Kind	219 Euro	250 Euro	250 Euro
3. Kind	225 Euro	250 Euro	250 Euro
ab dem 4. Kind	250 Euro	250 Euro	250 Euro
Kinderbonus pro Kind	100 Euro	-	-

자녀수당과 자녀보너스(자녀수당은 매월 지급되며, 자녀보너스는 일회성 현금 지원)

(출처:Lohnsteuerkompakt)

위의 도표에 나타난 자녀 보너스(Kinderbonus)는 독일 정부가 자녀가 있는 가정에 추가적으로 제공하는 일회성 현금 지원 제도이다. 이는 자녀수당(킨더겔트)과 별도로 지급된다. 자녀보너스는 특정 위기 상황에서 시행되는 한시적 제도이므로, 경제 상황에 따라 추가 지급 여부가 결정된다. 예컨대 코로나19 팬데믹과 같은 특별한 상황에서 가정의 경제적 여건을 지원하기 위해 지급되었다.

3. 조기 아동 교육 및 보육 시스템(ECEC)과

독일의 ECEC는 출산율 유지와 인구 증가에 중요한 역할을 했다. 독일의 출산율은 2000년대 초반까지 감소 추세를 보였으나, ECEC 시스템 강화와 함께 다시 상승세를 보였다. 2020년 기준, 독일의 합계출산율은 1.53명으로, 이는 2000년의 1.38명보다 증가한 수치이다. 독일의 ECEC 시스템은 주로 공공 보육시설을 통해 운영되며, 만 1세부터 초등학교 입학 전까지의 모든 아동을 대상으로 한다. 독일 정부는 보육 서비스의 접근성을 높이기 위해 대규모 예산을 투입하고 있다.

독일의 ECEC는 크게 어린이집(Kita)과 유치원(Kindergarten)으로 나뉜다. 어린이집은 주로 만 0세부터 만 3세까지의 아동을 대상으로 하며, 유치원은 만 3세부터 만 6세까지의 아동을 대상으로 한다. 이 시스템은 주로 공공 지원을 통해 운영되며, 부모의 소득에 따라 비용이 차등 부과된다. 이는 경제적 불평등을 줄이고, 모든 가정이 자녀에게 양질의 보육과 교육을 제공할 수 있도록 돕는 중요한 정책적 장치이다.

독일은 연방제이기 때문에 각 주마다 ECEC 운영 방식과 재정 지원 모델이 다를 수 있다. 그러나 전반적으로 ECEC는 공공 자금으로 일정 부분 지원되며, 나머지는 부모의 소득에 따라 부담금이 달라진다.

이러한 시스템은 부모가 경제적 능력에 상관없이 자녀에게 적절한 교육과 보육을 제공할 수 있도록 보장한다.

최근 몇 년간 독일에서 ECEC 서비스에 대한 수요는 급격히 증가하고 있다. 주요 요인은 여성의 경제활동 참여율 상승, 이민자 가정의 증가, 그리고 정부의 출산 장려 정책이다. 독일 연방통계청에 따르면, 2023년 기준으로 3세 미만 아동의 33%가 어린이집(Kita)에 등록되어 있으며, 3세부터 6세 사이 아동의 95% 이상이 유치원에 다니고 있다.

ECEC 시스템이 발전하고 많은 가정에서 이용하고 있음에도 불구하고, 몇 가지 중요한 도전 과제가 여전히 존재한다. 그 중 가장 큰 문제는 교사와 보육교사 부족이다. 독일의 ECEC 서비스 수요가 증가함에 따라 인력 공급이 이를 따라가지 못하고 있으며, 이는 서비스의 질 저하로 이어질 수 있다.

독일 교육부에 따르면, 2030년까지 약 230,000명의 ECEC 교사가 필요할 것으로 예상된다. 현재 도시 외곽과 농촌 지역에서 인력부족 현상이 심각하다. 이로 인해 일부 지역에서는 ECEC 서비스의 접근성이 크게 제한받고 있다.[86]

그런데 독일 교회가 ECEC 인프라를 확충하고 인력 부족 문제 해결에 도움을 주고 있다. 카톨릭과 개신교 교회를 중심으로 지역 사회 내에서 보육 시설을 운영하고 있기 때문이다. 교회가 운영하는 주요 ECEC 기관으로는 카리타스(Caritas:카톨릭 교회 산하 복지단체)와 디아코니(Diakonie:개신교 교회 산하 복지단체)가 관리한다.

카리타스가 운영하는 ECEC 프로그램은 독일 전역에서 중요한 역할을 하고 있다. 2024년 현재, 카리타스는 약 3,500개 이상의 유치원과 어린이집을 운영하고 있으며, 수십만 명의 아동이 이들 기관에서 돌봄을 받고 있다.

세인트 마리아 교회가 운영하는 돌봄센터, 벤덴시 (출처:St. Maria in den Benden)

한 예로 쾰른(Cologne)에 위치한 St. Maria 카리타스 유치원은 카리타스가 운영하는 대표적인 유치원 중 하나이다. St. Maria 유치원은 다문화적 배경을 가진 아동들을 적극적으로 수용하며, 이를 위한 특별 지원 프로그램을 운영한다. 이민자 가정의 아동들은 종종 독일어에 익숙하지 않아 교육 과정에서 어려움을 겪을 수 있기 때문이다. 아울러 문화 통합 프로그램을 통해 아이들은 자신의 문화적 정체성을 유지하면서도 다문화 사회에서 상호 존중과 협력을 배운다.

2024년 기준, 디아코니는 약 1,600개 이상의 어린이집을 운영하고 있다. 이들 시설은 0세부터 6세까지의 아동을 대상으로 보육 서비스를 제공한다. 디아코니 역시 카리타스가 운영하는 어린이집과 마찬가지로 사회적 약자 가정과 이민자 가정을 위한 지원에 중점을 두며, 종교적 가르침과 함께 사회적 책임감과 공동체 의식을 중시한다.

Berlin (출처:CTS)

베를린에 위치한 Diakonie Kinderhaus Regenbogen은 디아코니가 운영하는 대표적인 어린이집 중 하나이다. 베를린은 독일 내에서도 다양한 문화적 배경을 가진 인구가 많이 거주하는 대도시이기 때문에 다문화적 배경을 가진 아동들을 위한 다양한 프로그램을 운영하고 있다.

베를린은 독일 내에서 가장 높은 ECEC 참여율을 보이는 도시 중 하나이다. 2024년 현재, 베를린의 유아교육 및 돌봄(ECEC) 시스템은 유아 발달을 지원하고 가정의 필요를 충족시키는 체계적인 접근 방식을 반영하고 있다. 베를린의 ECEC 서비스는 지난 수십 년간 특히 2005년의 보육 개발법(Day Care Development Act)과 2008년의 보육 자금법(Childcare Funding Act) 시행 이후로 큰 변화를 겪으며 확장되었다.

베를린에 있는 어린이집
(출처: https://www.berlin.de/kultur-und-tickets/tipps/kinder/)

2013년부터 베를린을 포함한 독일 전역의 아동들은 만 1세부터 보육 센터나 가정 보육 시설에서의 자리를 보장받을게 되었다. 이로 인해 특히 3세 미만 아동을 위한 서비스가 대폭 확장되었으며, 대부분의 아동이 부모의 근무 시간에 맞춘 장시간 보육 혜택을 받고 있다. 베를린은 ECEC 시설의 등록율은 매우 높다. 3세~6세 사이의 아동 중 약 95%가 공공 자금을 지원받는 ECEC 서비스에 등록되어 있으며, 이는 조기 학습과 사회화를 촉진하는 데 필수이다.[87]

이러한 성공에도 불구하고, 베를린은 ECEC 서비스에 대한 수요 증가를 충족하는 데 어려움을 겪고 있다. 가장 큰 문제 중 하나는 자격을 갖춘 교사 부족으로, 이는 보육의 질과 가용성에 영향을 미친다. 연방 및 주 차원에서는 서비스 확장이 품질 저하로 이어지지 않도록 더 많은 교육자를 모집하고 훈련하는 데 집중하고 있다.

또 다른 예로, 바이에른 주는 2024년 기준, 3세~6세 사이의 아동을 위한 ECEC 등록률이 독일 내에서 가장 높다. 바이에른의 ECEC 제공자의 상당 부분은 교회 관련 단체를 포함한 민간 비영리 조직이다. 바이에른 주 역시 베를린의 경우처럼 교사부족으로 난황을 겪고 있다.
(OECD iLibrary: "Education at a Glance 2023: ECEC Participation and Trends"참조)

디아코니가 운영하는 유치원
(출처:https://www.diakonie-guestrow.de/

이처럼 독일교회는 독일 사회에서 중요한 역할을 해왔으며, 특히 가족 지원과 공동체 강화에 중점을 두면서 저출생 문제를 해결하기 위한 다양한 활동을 펼치고 있다. 교회는 결혼과 가족의 중요성을 설교하고, 이를 통해 자녀를 낳고 양육하는 것이 개인적, 사회적으로 가치 있는 일이라는 인식을 확산시켜 왔다. 이러한 가치관은 독일 사회 전반에 긍정적인 영향을 미쳤으며, 젊은 세대가 결혼과 출산을 긍정적으로 받아들이는 데 기여했다.

3.1 장시간 보육 서비스가 큰 도움

독일의 유아교육 및 돌봄 서비스는 최근 몇 년 동안 크게 확장되었으며, 장시간 보육 서비스는 특히 맞벌이 부모에게 매우 유익한 것으로 나타났다. 2008년 아동보육지원법과 같은 주요 정책 도입 이후, 만 1세 이상 아동에 대한 보육 접근권이 보장되면서, 특히 3세 미만 아동을 위한 종일 보육이 크게 증가했다.

장시간 돌봄 서비스의 주요 장점 중 하나는 안정적이고 고품질의 보육을 제공하여 아동의 인지적 및 사회적 발달에 긍정적인 영향을 미친다는 점이다. 또한, 독일의 장시간 보육 서비스는 여성의 경력 추구를 방해하는 초과 근무 시간 또는 제한된 보육 서비스 문제를 해결하는데 도움이 되고 있다. 연구에 따르면, 특히 취약 계층의 아동들이 구조화된 프로그램에 오랜 시간 참여할수록 가장 큰 혜택을 누리는 것으로 나타났다.[88]

3.2 가족 지원 프로그램과 유치원 운영

독일의 교회들은 가족 지원 프로그램을 통해 저출생 문제 해결에 기여하고 있다. 이들 프로그램은 주로 젊은 부부와 가족을 대상으로 실시한다. 한 예로 독일 가톨릭 교회는 '가족 센터(Familienzentrum)'를 운영하며, 부모들을 위한 워크숍, 부모와 자녀가 함께하는 활동, 그리고 신생아를 둔 부모들을 지원한다.

독일 교회는 직접 유아교육 및 돌봄 서비스(ECEC)를 운영하며, 저출생 문제 해결에 중요한 역할을 하고 있다. 많은 교회가 유치원(Kita)와 ECEC를 운영하고 있다. 현재 독일의 유아교육 및 돌봄 서비스에서 교회가 운영하는 시설은 전체 유치원 중 약 10%를 차지하며, 이는 수십만 명의 아동에게 보육 서비스를 제공한다. 특히 교회 운영 유치원은 특히 농촌 지역이나 보육 시설이 부족한 지역에서 중요한 역할을 하고 있다.

3.3 가족의 해 프로그램 운영

독일 개신교 교회(Evangelische Kirche in Deutschland, EKD)는 '가족의 해 (Jahr der Familie)' 프로그램을 통해 족의 중요성을 강조하고 출산율을 높이는데 기여해왔다.

출처:CTS

'가족의 해'프로그램은 2010년에 선포되었다. 이 프로그램은 가족이 사회의 기본 단위로서 중요한 역할을 한다는 점을 널리 알리고, 젊은 부부와 가정을 대상으로 결혼과 출산의 가치를 강조하며, 자녀를 낳고 키우는 것이 개인적, 사회적으로 중요한 일이라는 인식을 확산시키며, 가정이 직면한 다양한 도전 과제에 대해 실질적인 지원을 제공하고, 교회와 지역 사회가 함께 가족을 돕는 문화를 형성을 주요 목표로 하고 있다. 이를 위해 부부 워크숍과 세미나, 가족 축제와 행사, 가족 상담 서비스 제공, 홍보와 캠페인 등을 펼치고 있다. 프로그램이 시작된 2010년 이후 몇 년 동안 독일의 출산율은 상승세를 보였다.[89]

1. 역사적 배경과 인구현황

이탈리아는 현재 유럽에서 저출생 문제로 가장 심각한 국가 중 하나로 꼽힌다. 지난 몇십 년 동안 지속된 출산율 감소와 더불어 고령화 문제가 심화되어왔다.

1960년대까지만 해도 상당히 높았다. 1960년대 초반만 해도 합계출산율이 약 2.5명에 달했으나, 그 후 꾸준한 하락세를 보이기 시작했다. 경제적 발전과 여성의 사회 진출 증가, 도시화 등의 요인으로 출산율은 1980년대에 1.5명 이하로 떨어졌다.

2021년, 이탈리아의 합계출산율은 1.24명으로 유럽연합(EU) 평균 1.53명보다도 훨씬 낮다. 1960년대와 비교하면 출산율이 절반 수준으로 감소한 셈이다.이렇한 저출생 문제는 이탈리아 전역에 걸쳐 심각한 영향을 미치고 있는데 남부 지역이 더욱 심하다. 이와 동시에 이탈리아의 사망자 수는 출생아 수를 앞지르고 있다. 특히 고령화가 빠르게 진행되고 있는 이탈리아에서는 65세 이상 인구가 전체 인구의 23% 이상을 차지하고 있어, 인구 감소는 물론 노동력 부족으로 이어지고 있다.

2024년 이탈리아의 인구는 약 5,934만 명으로 추정되며, 이는 전년도 대비 0.26% 감소한 수치이다. 현재, 이탈리아의 합계출산율은 여전히 1.3명 이하로, 인구 유지에 필요한 2.1명에 크게 못 미치는 수준이다. 이탈리아 인구는 여전히 감소세를 이어가고 있으며, 출생아 수는 여전히 낮은 수준에 머물러 있다. 전문가들은 2024년 이후에도 이탈리아 인구가 계속 감소할 가능성이 크며, 21세기 말까지 이탈리아의 인구는 4,500만 명 이하로 줄어들 수 있다고 전망한다. [90]

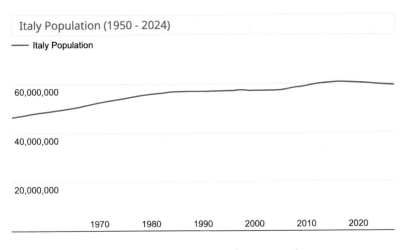

1950-2024 이탈리아 인구변이(worldometers)

2. 패밀리 액트(Family Act)

이탈리아는 수십 년간 지속된 저출산 문제와 인구 감소에 직면해 있다. 이에 대응하기 위해 정부는 2020년 "패밀리 액트(Family Act)"를 도입했다. 패밀리 액트는 가족 지원을 통해 출산율을 높이고 부모들의 경제적 부담을 덜어주는 종합적인 정책이다.

2.1 보편적 자녀 수당(Universal Child Benefit)

보편적 자녀수당에 따라 자녀를 둔 모든 가정은 월간 자녀 수당을 받을 수 있다. 임신 7개월 부터 자녀가 18세가 될 때까지 지급되며, 최대 240유로를 받을 수 있다. 또한, 두 번째 자녀 이후에는 20% 추가 보조금을 받을 수 있으다. ISEE(경제적 자산 지표)에 따라 차등 지급되며, 가구 소득이 낮을수록 더 많은 지원금을 받을 수 있다. [91]

2.2 육아휴직 및 부모 지원 확대

이탈리아는 2012년에 처음으로 유급 육아휴직을 도입했다. 그러나 최근 패밀리 액트의 일환으로 아버지를 위한 유급 육아휴직 확대했다. 즉 5일이었던 유급 육아휴직 기간을 10일로 연장했다. 또한 부모는 추가 2개월의 휴직을 사용할 수 있다. 이 추가 휴직은 부모 간 전환

할 수 없는 비양도성 권리이다.[92]

어머니들은 출산 후 직장에 복귀할 때 보조금 지원을 받을 수 있다. 특히 출산 후 복직하는 여성들에게 일정한 급여 보충 혜택을 제공함으로써, 직장 복귀가 더 용이해졌다.

2.3 보너스(Bonus Bebè)

2015년, 이탈리아 정부는 저출생 문제 해결을 위해 저소득층 가정에게 연간 최대 1,920유로의 보조금을 지급했다. 이어 2017년, 800유로 일회성 보조금을 지급했다. 이후 모든 가정이 자녀 출산 후 신청할 수 있는 지원책으로 확대됐다. 2019년에는 저소득 가정에게 매달 최대 160유로의 보조금을 지급했다.

베이비보너스는 이탈리아에서 태어난 모든 아이에게 제공되며, 소득에 따라 혜택이 달라진다. 가구 소득이 낮을수록 지원금이 많아지며, 자녀의 출생 후 첫 3년간 매달 지급된다. 저소득층 가정은 최대 240유로의 보조금을 받을 수 있다. 둘째 자녀 이후부터는 보너스가 최대 20% 더 추가된다. 또 장애 아동이 있는 가정은 추가 재정 지원을 받을 수 있다.[93]

2.4 주택대출 보조금

이탈리아 정부는 저출생 문제 해결을 위해 다양한 주택 대출 보조금 정책을 시행하고 있다.

첫 주택 구매를 원하는 젊은 부부에게 저리의 주택 담보 대출을 제공하며, 이는 특히 30세 이하의 젊은 부모들에게 유리하다. 주택을 구입할 때 이자율 상한을 설정하고, 특정 소득 수준 이하인 경우 추가적인 세금 감면 혜택을 받을 수 있다.

다자녀 가정을 대상으로 추가적인 대출 혜택을 제공한다. 예를 들어, 세 자녀 이상의 가정은 주택 구매 시 더 많은 지원을 받을 수 있으며, 주택 구매뿐만 아니라 리모델링 및 개조를 위한 자금도 지원한다. 또 둘째 자녀를 출산하면 대출 상환액의 일부가 탕감되거나 이자율이 낮아진다. 다자녀 가정은 주택 구매 시 부가가치세(VAT)와 등록세를 면제받거나 감면받을 수 있다.[94]

2.5 돌봄지원 정책

패밀리액트의 일환으로 보육 시설을 확충하고, 부모들이 일과 가정 생활을 병행할 수 있도록 돕고 있다. 특히 0세부터 6세까지의 어린이를 위한 보육 서비스를 개선하여, 취약 가정과 저소득층 가정이 양질의 보육 서비스를 이용할 수 있도록 지원을 강화하고 있다. 특히 초기 1000일 동안의 보육과 교육 서비스 에 각별히 관심을 기울이고 있다.[95]

정부는 유치원과 보육원의 등록비를 보조하고, 보육과 관련된 지출에 대한 세금 감면 혜택을 제공한다. 맞벌이 부모를 위해 전일제 보육 프로그램을 확대하고 있으며, 학교에서 아이들이 안전하고 건강하게 시간을 보낼 수 있도록 방과 후 프로그램도 운영하고 있다.

아동 보장 제도(Child Guarantee)는 이주 가정 아동 및 취약 계층 아동을 우선 지원 대상으로 삼고 있다. 사회적 소외를 방지하고 이들 아동이 평등한 출발선을 가질 수 있도록 돕기 위해서이다. 이탈리아는 특히 장기 프로젝트를 통해 이주 가정 아동의 교육 통합과 사회적 적응을 촉진하고 있으며, 건강한 급식 제공과 방과 후 프로그램도 강화하고 있다.

또한 부는 전국 유치원 및 어린이 돌봄 시설에 더 많은 자원을 투입해 유아교육과 돌봄 서비스의 커버리지를 50% 이상으로 확대하는 것을 목표로 하고 있다.("Eurochild" 2022.06.27.) 이탈리아의 아동 보장 제도는 EU 아동 전략과 연계되어, 아동의 권리와 복지를 강화하는 국제적 이니셔티브의 중요한 부분으로 자리 잡고 있다.

이탈리아의 대부분 지역에서 출산율이 지속적으로 하락하고 있는 반면, 북부에 위치한 트렌티노-알토 아디제(Trentino-Alto Adige) 지역은 출산율을 높이는 데 성공한 몇 안 되는 사례로 주목받고 있다. 이 지역의 출산율 증가는 지역 정부의 적극적인 가족 지원 정책과 경제적 안정성 덕분에 이루어진 것으로 평가받고 있다.

트렌티노-알토 아디제 지역은 2021년 합계출산율이 1.66명으로, 이탈리아 전체 평균인 1.24명을 크게 상회했다. 이는 이탈리아에서 가장 높은 출산율이며, 다른 유럽 국가들과 비교했을 때도 상대적으로 높다. 2024년 현재, 이 지역의 합계출산율은 1.65~1.66명 수준으로 유지되고 있다. 여전히 이탈리아에서 가장 높은 출산율을 기록하고 있다.

부모들이 일과 가정의 균형을 맞출 수 있도록 유연 근무제를 적극적으로 지원했다. 많은 기업들이 재택근무나 탄력근무제를 도입했다.

고품질의 보육 시설이 널리 보급되어 있으며, 정부의 재정 지원을 통해 저렴한 비용으로 이용할 수 있다. 0-3세 아동을 위한 보육 시설의 이용률은 약 30%로, 이는 이탈리아 전국 평균치 보다 훨씬 높다.

다자녀 가정을 위한 경제적 지원도 크게 강화했다. 특히, 셋째 자녀부터는 출산 보너스와 함께 주택 구매에 대한 보조금을 제공했다. 이외에 이 지역 특유의 공동체 의식이 젊은 부모들에게 큰 역할을 했다.

몇 가지 성공 요인을 간추려 본다. 트렌티노-알토 아디제 지역 정부는 기업들이 재택근무와 탄력근무제를 적극 도입할 수 있게 지원했다.

이 지역은 0-3세 아동을 위한 보육 시설 이용률이 약 30%로, 이탈리아 전국 평균보다 훨씬 높은 수치를 기록하고 있다. 재정 지원을 통해 부모들이 저렴한 비용으로 이 시설을 이용할 수 있게 한 덕분이다. 다자녀 가정, 특히 세 명 이상의 자녀를 둔 가정에 대한 지원을 크게 확대했다. 셋째 부터는 출산 보너스를 제공하며, 주택 구매에 대한 보조금도 지원하여 다자녀 가정의 경제적 부담을 덜어주었다.

이 지역 특유의 강한 공동체 의식도 출산율 증가에 기여한 요소로 평가된다. 지역 사회가 젊은 부모들에게 우호적인 것도 한 요인이다.

4. 교회 기반 아동 돌봄 센터

4.1 가톨릭 교회에서 운영하는 어린이집

이탈리아는 전통적으로 가톨릭 교회가 아동 돌봄과 교육에서 중요한 역할을 해왔다. 특히 일부 농촌 지역과 도시 외곽에는 공립 유치원의 부족하기 때문에 교회 기반의 아동 돌봄 센터들이 큰 역할을 하고 있다. 2020년 통계에 따르면, 이탈리아에서 운영되는 교회 기반의 아동 돌봄 센터는 특히 농촌 지역과 도시 외곽 지역에서 두드러진 역할을 하고 있다. [96]

이탈리아의 FISM(Federazione Italiana Scuole Materne)은 가톨릭 교회와 연계된 유치원 연합으로, 이탈리아 전역에서 유아 교육과 돌봄 서비스를 제공하고 있다. FISM은 1974년에 설립되었으며, 현재 약 8,000여 개의 유치원을 운영하고 있다. 이는 이탈리아 전체 유아 교육 시스템에서 약 40%를 차지한다. FISM과 연계하여 교회에서 운영하는 유아교육기관을 몇 군데 소개한다.

Sant'Orsola (볼로냐)

볼로냐에 있는 Sant'Orsola 유치원은 카톨릭 교회와 협력하여 운영되며, FISM의 교육 철학을 실천하고 있다. 이 학교는 3세부터 6세까지의 어린이들의 일상 생활 속에 자연스럽게 신앙이 스며들게 한다.[97]

보육원(볼로냐) (출처:corrieredibologna.corriere.it)

Istituto delle Suore Orsoline (밀라노)

밀라노에 있는 이 어린이 집은 오랫동안 교회와 협력하여 운영되고 있다. 창의적이고 놀이 중심의 학습을 우선시 한다. 특히 공동체 활동을 통해 서로 협력하는 법을 가르친다.

밀라노 산카를로 우르슐라회 수녀회 학교로 1867년 최초로 초등학교 개설,
2003년부터 보육원 시작
(출처:https://www.osc-mi.it/)

밀라노 어린이집(https://www.osc-mi.it/)

Scuola Materna Maria Immacolata (로마)

로마에 있는 이 학교는 교회와 연계하여 운영되며, FISM의 가이드 라인에 따라 종교 교육과 함께 창의적이고 종합적인 커리큘럼을 운영한다.[98]

Maria Immacolata가 운영하는 사립유치원(로마)

Maria Immacolata가 운영하는 어린이집(로마)

4.2 개신교에서 운영하는 어린이집

이탈리아는 역사적으로 로마 가톨릭교가 주류를 이루고 있지만, 개신교 교단들도 다양한 방식으로 사회에 기여하고 있다. 특히 개신교가 운영하는 어린이집과 유치원들은 기독교 신앙을 토대로 아이들에게 전인적 교육을 제공함으로써 지역 주민들에게 신뢰를 얻고 있다. 이탈리아 개신교가 운영하는 어린이집의 몇 곳을 소개한다.

시칠리아의 리에시에 위치한 Servizio Cristiano 센터

발도파 교회에서 운영하는 교육 및 돌봄 기관이다. 1961년 투릴로 비나이 목사에 의해 설립되었으며, 지역 아동의 25% 이상이 이곳에서 운영하는 유아원, 유치원, 초등학교에 다니고 있다. 사회적, 경제적으로 어려운 가정의 아이들을 특별히 배려한다.

교육 외에도 이 센터는 심리 지원, 언어 치료, 가족 중재와 같은 다양한 사회 서비스를 제공하여 지역 사회를 돕고, 특히 취약한 아동과 가정을 지원하고 있다. 또한, 유기농 농업과 같은 지속 가능한 실천을 도입하여 학교 급식과 운영을 지원하고 있다.

Servizio Cristiano 어린이집 놀이활동(출처:ervizio Cristiano홈페이지)

교실 밖에서의 배움(출처: Servizio Cristiano홈페이지))

로마 퍼스트 스쿨(Rome First School)

이탈리아 감리교 복음 교회는 오랜 교육 참여의 역사를 가지고 있으며, 이는 유치원과 어린이집으로도 확장되었다. 로마 퍼스트 스쿨(Rome First School)이 한 예이다. 1987년 소수의 학생으로 시작된 이 어린이집은 지역 사회 기반 돌봄 기관으로 성장했다. 1세~6세의 어린이를 대상으로 하는 반일제 프로그램을 운영하면서 신앙교육과 현대 유아 교육을 실시하고 있다.

35년의 역사 동안 줄곧 지켜온 사명은 뛰어난 교육 프로그램을 통해 아이들에게 하나님의 변함없는 사랑을 전하고, 그들이 포용적인 커뮤니티 속에서 성장할 수 있도록 돕는 것이다.

로마 퍼스트 스쿨은 교실 밖에서도 다양한 학습 기회를 제공한다. 또한 유아반과 유치원 학생들에게 매주 스페인어, 음악, 미술 수업을 진행한다.

방과후 프로그램 (출처:https://romefirstschool.org/)

2~3세 조기돌봄(Early Care) 프로그램(비용 1인당 4달러)
(출처:https://romefirstschool.org/)

아시아
ASIA

일본
JAPAN

1. 역사적 배경과 인구현황

일본은 20세기 중반 이후 급격한 인구 변화를 겪어왔다. 특히, 출산율은 1950년대까지만 해도 상대적으로 높았으나, 산업화와 도시화의 급격한 진행, 경제 성장 등 사회적 변화로 인해 1970년대 이후로는 급격히 감소하기 시작했다. 이러한 변화는 여성의 사회 진출 확대, 결혼과 출산 연령의 상승, 그리고 경제적 불안정과 같은 다양한 요인에 의해 촉발되었다.

1950년대 출산율은 매우 높았고, 한 해에 약 270만 명 이상의 신생아가 태어났다. 하지만 1970년대에 들어서면서 출산율은 급격히 하락하기 시작했다. 1974년 일본의 합계출산율은 2.1명으로 인구를 유지할 수 있는 기준치를 겨우 충족했다.

그러다가 1984년에는 1.8명으로 감소하기 시작했고, 1990년대에는 1.5명 이하로 떨어졌다. 급기야 2005년에는 1.26명으로 역대 최저치를 기록하면서 일본의 인구 감소는 가시화되었다. 이후에도 출산율은 크게 반등하지 못하고 계속 저조한 수준을 유지하고 있다.

2020년대 들어 일본의 출산율은 더욱 심각해졌다. 2023년에는 합계출산율이 1.2명으로 사상 최저치를 기록했다. 특히 도쿄는 처음으로 1.0 이하로 떨어져 0.99명에 그쳤으며, 인접한 사이타마, 지바, 가나

가와 현 역시 모두 1.2명 미만으로 나타났다.

　일본의 출산율 하락의 주 요인으로는 경제적 불안정, 비정규직 증가, 임금 정체 등으로 인한 경제적 부담 증가를 꼽을 수 있다. 이로 인해 일본의 젊은이들은 결혼과 출산을 꺼리는 경향이 강해졌다. 여성의 사회적 지위 향상과 교육 수준의 증가 역시 인구감소의 한 요인으로 작용했다. 많은 여성들이 결혼과 출산보다는 직업 경력을 중시하게 되었기 때문이다. 또한 보육시설의 부족과 육아에 대한 사회적 지원이 충분하지 않다는 점도 출산율 하락에 영향을 미쳤다.[99]

　"일본 인구, 1억2156만명으로 전년대비 86만1237명(0.7%) 감소했다. 일본 인구는 15년 연속 감소했는데 감소 폭은 이번에 사상 최대를 기록했다. 도쿄도만 유일하게 3933명(0.03%) 인구가 증가했을 뿐 도쿄도를 제외한 46개 도부현 모두 인구가 감소했다. 2023년 일본의 신생아 출산은 사상 최저인 72만9367명이었고, 157만9727명이 숨져 85만 360명이 자연 감소했다. 인구 자연 감소는 16년 연속 늘고 있다."(〈뉴시스〉 2024.07.24.)

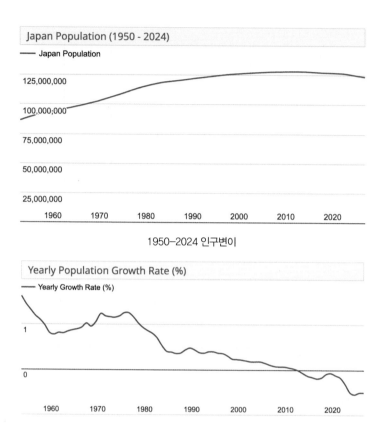

Japan Population (1950 - 2024)

— Japan Population

125,000,000

100,000,000

75,000,000

50,000,000

25,000,000

1960　1970　1980　1990　2000　2010　2020

1950–2024 인구변이

Yearly Population Growth Rate (%)

— Yearly Growth Rate (%)

1

0

1960　1970　1980　1990　2000　2010　2020

연간인구성장율 (worldometers)

2. 일본의 저출생 대응 정책

2.1 출산 장려금

출산장려금 제도는 일본의 출산율이 급격히 하락하기 시작한 1970년대 말에 도입되었다. 경제 성장과 도시화로 인해 결혼과 출산을 늦추는 경향이 확산되면서, 정부는 가정의 출산 부담을 줄이기 위한 재정적 지원을 본격적으로 시작하게 된다.

출산 장려금 제도는 1990년대부터 시작되었다. 일본 정부는 급속한 출산율 저하를 우려하며 출산 시 가족들에게 직접적인 경제적 지원을 시작했다. 초기에는 출산비용의 일부를 지원했는데 첫 아이인 경우 더 큰 혜택이 주어졌다. 2000년대 들어 일본의 출산율이 더욱 급격히 감소하자 정부는 출산 장려금 제도를 확대·개편했다. 2005년, 일본의 출산율이 1.26명으로 역대 최저치를 기록하자, 정부는 출산비용 지원금을 점차 인상하기 시작했다.

2024년 현재, 첫째 아이를 출산한 가정은 약 42만 엔(약 400만 원)을 지원받는다. 이는 의료보험을 통해 보전되어 병원에서 출산 시 발생하는 비용을 충당하는데 사용된다. 출산 장려금은 의료보험 제도와 연계되어 있으며, 기본적으로 국가 건강보험에 가입한 모든 가정이 출산 시 장려금을 받을 수 있다.

그러나 출산장려금 제도가 출산율 상승에 미치는 영향은 지극히 제한적이다. 출산 장려금은 주로 출산 당시의 일회성 지원에 초점을 맞추고 있어, 장기적인 육아 비용이나 교육비가 부담으로 작용하기 때문이다. 즉 출산 이후 지속적인 보육비 지원이나 보육 시설 부족 문제가 여전히 해결되지 않고 있어, 저출생 문제 해결에 대한 근본적인 대책으로는 미흡하다는 평가를 받고 있다.

2.2 육아휴직

일본 정부는 여성의 사회적 역할이 확대됨에 따라 1990년대부터 육아휴직 제도를 점차 개선해 왔다. 2000년대 중반부터 육아휴직 기간을 늘리고, 남성의 육아휴직 사용을 장려하는 정책도 병행하고 있다. 그 결과 남성 육아휴직 사용률은 점진적으로 증가하고 있지만, 여전히 낮은 수준에 머물러 있다. 2020년대 초반 기준으로 남성 육아휴직 사용률은 약 13%였다. 2021년 일본 정부는 '남성 육아휴직 촉진법'을 제정하여, 남성의 육아휴직 사용률을 2025년까지 이를 30%로 확대할 예정이다. 이를 위해 다양한 캠페인과 기업 인센티브가 도입되고 있지만, 직장 내 문화적 변화가 더디게 이루어지고 있다.

2022년 조사에 따르면, 여성의 육아휴직 사용률은 80.3%에 달하는 반면, 남성은 17.1%에 그쳤다. 이를 해결하기 위해 일본 정부는 남성에게 사실상의 강제 육아휴직을 도입하여 출산과 육아에 대한 책임을 남녀가 균등하게 분담하도록 유도하고 있다.

2024년 현재, 일본의 육아휴직 제도는 법적으로 보장된 권리로 자리잡았으며, 많은 기업들이 이를 적극적으로 지원하고 있다. 그러나 제도의 실효성을 높이기 위해서는 여전히 몇 가지 과제가 남아 있다.

남성의 육아휴직 사용률이 저조하다. 많은 남성들이 직장 내 문화적 압박이나 경력 단절에 대한 두려움으로 인해 육아휴직을 신청하지 않는 경향이 있다. 이는 여전히 육아를 여성의 몫으로 여기는 사회적 인식 때문이다.

소규모 기업의 육아휴직 지원이 부족하다. 대기업은 비교적 육아휴직 제도를 잘 운영하고 있지만, 중소기업에서는 인력 부족과 재정적 어려움으로 인해 직원들이 육아휴직을 사용하는 데 어려움을 겪는 경우가 많다. 정부는 중소기업을 위한 지원금을 제공하고 있지만, 이 부분에서의 추가적인 제도적 보완이 필요하다.

육아휴직 이후의 복귀가 녹록치 않다. 많은 여성들이 육아휴직을 마치고 직장에 복귀할 때 경력 단절을 경험하거나, 원래 담당하던 업무와 다른 업무를 맡게 되는 경우가 많다.[100]

스웨덴과 노르웨이의 정책을 벤치마킹하여 "Daddy Quota"를 일본에서도 도입하려는 논의가 진행되고 있다. 이 제도는 부모 중 아버지에게 특정 기간 동안 육아 휴직을 의무적으로 사용하도록 할당하는 방식이다.

"파파마마 육아휴직 플러스"(어머니가 특정 조건 하에서 최대 2년까지 유급 휴가를 받을 수 있음.)는 이미 도입되었지만 아버지가 이 제도를 활용할 강력한 동기가 부족한 상황이다. 일본은 세계에서 가장 관대한 부모 휴가 제도 중 하나를 운영하고 있지만, 실제 사용률은 매우 낮다. 일본에서 유급 육아 휴직 기간은 약 50주이며, 급여 대체율은 급여의 61%로 대부분의 선진국보다 관대하지만, 2022년 평균 육아 휴직 사용 기간은 6주 미만(약 41일)에 불과하다. 특히 많은 아버지들이 육아 휴직을 선택하지 않아 대부분의 육아 책임이 어머니에게 돌아간다. 2020년 후생노동성 조사에 따르면, 육아 휴직을 사용하지 않은 아버지의 25.9%는 "회사나 상사의 분위기가 육아 휴직 사용을 꺼리게 만들거나 이해가 부족하다."고 응답했다. (〈FUKUOKA NOW〉 2024.06.06.)

2.3 보육시설 확충

일본은 2010년대 이후 맞벌이 가정의 증가와 함께 보육시설에 대한 수요가 급격히 늘어나면서 적극적으로 보육시설을 확충해왔다. 그 결과 보육시설의 수는 크게 증가했지만, 0−2세 영유아를 위한 보육시설 대기자 수는 여전히 높다.

지난 10년 동안 일본에서는 보육 시설의 증가가 출산율 안정화에 기여한 것으로 평가받고 있다. 보육 시설 수는 63% 증가했으며, 대기 중인 아이들은 2013년~2022년까지 87% 감소했다. 보육 시설 이용률이 점차 증가했지만, 2023년 기준 52%로 다른 선진국에 비해 여전히 낮다.

그러나 2023년, 교토대학 다카시 우나야마 교수는 "2005년 이후 보육 시설 확장이 총 출산율을 0.1 증가시켰다"고 추정했다. 이에 따라 기시다 후미오 총리 하에서 출산율을 높이기 위한 노력이 더욱 강화되었다. 일본 정부는 2023년 '아이들의 미래 전략'을 수립하여, 2028

회계연도까지 아동 관련 지출을 연간 3.6조 엔(약 GDP의 0.6%)으로 늘려나갈 계획이다. 추가적으로, 정부는 2030년대 초까지 아동청의 예산 배정을 두 배로 늘릴 계획을 발표했다.[101]

2023년 1월 기준, 많은 부모들이 자녀를 맡길 수 있는 시설을 찾지 못해 대기 명단에 이름을 올려야 하는 상황이다. 이는 일과 육아를 병행하는 부모들에게 큰 부담을 주고 있다. 특히 도쿄와 같은 대도시 지역에서는 이 문제가 더욱 두드러지는데, 도시에 거주하는 맞벌이 가정이 많고, 이로 인해 보육시설에 대한 수요가 폭발적으로 증가했기 때문이다. 수요에 비해 공급이 턱없이 부족한 상황에서, 보육시설을 이용하기 위해 부모들은 여러 달 혹은 수년을 기다려야 하는 경우도 흔하다.

보육시설 확충에는 보육교사 확충이 뒤따라야 한다. 그러나 보육시설 확충 노력에도 불구하고, 일본은 보육교사 인력 부족이라는 또 다른 문제에 직면해 있다. 2023년 1월 일본 후생노동성의 통계 자료에 의하면 보육교사 구직자 비율은 전국 평균 구직자 비율보다 두 배가 넘는다고 한다. 그 이유는 보육교사들의 낮은 임금 때문이다.[102]

2.4 가족수당과 세금 감면 혜택

자녀가 있는 가정에게 일정 금액을 지급하는 정책이다. 이 수당은 자녀가 성장할 때까지 지속적으로 지급되며, 자녀 수와 나이에 따라 지원 금액이 달라진다. 예를 들어, 3세 미만의 자녀에게는 월 15,000엔이 지급되며, 3세부터 초등학교를 졸업할 때까지는 자녀당 월 10,000엔이, 셋째 자녀 이상의 경우에는 15,000엔이 지급된다. 중학생이 되면 월 10,000엔을 받을 수 있다.(〈교육플러스〉 2023.05.28.)

자녀가 있는 가정에 대해 다양한 세금 감면 혜택이 있다. 즉 자녀 수에 따라 소득세 감면이 적용되는데 다자녀 가정일수록 혜택의 폭이 크다. 부모가 주택을 구입하거나 대출 이자를 상환할 때 일부 세금 혜택을 추가로 받을 수 있다.

3. 기업과 정부의 노력

　일본에서 여성의 노동 참여율은 꾸준히 증가하고 있지만, 여전히 많은 가정에서 직장과 가정의 양립이 큰 과제로 남아 있다. 일본 정부는 이를 해결하기 위해 다양한 정책을 도입하고 있으며, 특히 유연 근무제도와 남성 육아 참여를 적극적으로 장려하고 있다.

　일본 정부는 일과 가정의 균형을 맞추기 위해 기업들이 유연 근무제를 시행하도록 장려하고 있다. 특히 코로나19 팬데믹 이후 재택근무가 널리 도입되면서, 일하는 방식을 유연하게 조정할 수 있는 제도적 지원이 더 강력히 요구되고 있다. 일본 후생노동성의 조사에 따르면, 2020년에는 90% 이상의 대기업이 재택근무나 유연근무제를 도입했으며, 중소기업에서도 이러한 제도를 점차 확산시키고 있다.

　남성 육아휴직 사용률을 높이기 위해 다양한 캠페인을 벌이고 있으며, 기업들이 남성 직원의 육아휴직 사용을 적극적으로 지원하도록 장려하고 있다. 실제로, 2025년까지 30%로 끌어올리겠다는 목표를 세웠다. 현재 남성 육아휴직 사용률은 약 17% 수준이지만, 정책적 지원과 기업의 협조로 점차 증가하는 추세이다

　일본의 많은 기업들은 출산율 감소와 인력 부족 문제에 대응하기 위해 가족친화정책을 강화하고 있다. 몇 개 기업을 소개하면 다음과

같다.

3.1 이토추 상사

이토추 상사는 '아침형 근무제'를 도입해 직원들이 더 유연한 근무 환경에서 일할 수 있도록 지원한다. 직원들은 오전 5시부터 8시 사이에 출근하여 오후 3시에 퇴근할 수 있다. 또한, 이토추는 주 2회 재택근무를 장려하며, 오후 8시 이후 야근을 금지하는 등 직원들의 워라밸(Work-Life Balance)을 적극적으로 지원하고 있다. 이러한 제도의 결과로 여성 직원의 출산율이 2013년 0.6명에서 2021년에는 1.97명으로 3배 가까이 증가했다

> "육아 지원을 통한 출산율 개선 사례로 일본 종합상사인 이토추 상사가 주목받고 있다. 이토추는 2013년부터 오전 5시에서 8시까지 출근하고 오후 3시에 퇴근하는 '아침형 유연근무제'를 도입했다. 또한, 오후 8시 이후 야근 금지와 주 2회 재택근무 제도를 병행하면서 직원들의 육아 부담을 줄였다. 이러한 제도적 지원 덕분에 제도 시행 전 여성 직원 한 명당 평균 0.6명에 불과했던 출산율이 2021년에는 1.97명으로 크게 증가하며, 3배 가까이 상승했다."(〈매일경제〉 2024-03-05)

3.2 유니클로(UNIQLO)

유니클로는 직원들이 가정과 직장 생활을 조화롭게 유지할 수 있도록 유연 근무제를 운영하고 있다. 이를 통해 부모들이 일정에 맞게 근

무 시간을 조정할 수 있으며, 자녀를 돌보는 시간을 확보할 수 있다. 또한, 팬데믹을 계기로 도입된 재택근무제는 일상화되었다.

유니클로 돌봄 혜택(https://www.linkedin.com)

유니클로는 출산 및 육아휴직을 마친 직원들의 원활한 직장 복귀를 위해 복귀 지원 프로그램을 운영하고 있다. 육아휴직을 마친 직원들이 경력 단절을 겪지 않도록, 기존 업무에 복귀하는 과정을 지원하며, 필요시 단축 근무와 같은 추가적인 유연성을 제공해, 직무 적응에 어려움을 겪지 않도록 돕고 있다.

유니클로는 직원들의 보육 지원에도 집중하고 있다. 특히, 일부 지역에서는 직원들이 자녀를 안전하게 맡길 수 있도록 회사 내 또는 근처에 보육시설을 마련하고 있다.

3.3 아지노모토(Ajinomoto)

아지노모토는 일본의 대표적인 식품 기업으로, 가족 지원과 일-가정 양립 프로그램을 운영한다.

"일본의 식품 제조업체 아지노모토는 2016년 5월 12일, 더 다양하고 만족스러운 직장을 만들기 위한 근무 방식 개편을 발표했다. 이 개편에는 7시간 근무제 도입이 포함되어, 직원들이 성별, 국적, 가치관에 상관없이 최대한의 잠재력을 발휘할 수 있도록 돕는 것을 목표로 한다. 또한, 잔업을 줄이고 남성 직원들이 가정에서 더 많은 역할을 맡을 수 있도록 장려하며, 글로벌 기준에 맞춘 근무 방식을 도입하려는 계획을 발표했다."[103]

특히 남성 직원들이 육아에 적극적으로 참여하도록 장려하며, 출산휴가 후 복귀 시 유연한 복귀 옵션도 제공한다. 또한, 직원 자녀의 교육 지원도 포함된다. 직원들이 일과 가정의 균형을 맞출 수 있도록 다양한 프로그램을 운영하고 있다. 예컨대 출산 및 육아휴직을 사용한 직원들에게 유연한 복귀 프로그램을 제공한다. 또한 육아와 업무 부담을 동시에 느끼는 부모 직원들에게는 재택근무와 단축 근무를 허용한다.

무엇보다 눈길을 끄는 것은 직원들의 자녀 교육을 위한 지원금을 제공한다는 사실이다. 이 외에도 외에도, 직원들이 개인의 건강과 가족을 돌볼 수 있도록 다양한 건강 관리 프로그램과 가정 지원 프로그램을 운영한다.

4. 지자체의 저출생 정책 성공사례

일부 지방자치단체들은 다양한 정책과 캠페인으로 출산율을 높이는데 만전을 다하고 있다. 그 가운데 제법 성공을 거둔 두 곳을 소개한다.

4.1 도야마

일본 중서부에 위치한 도야마 현은 인구가 약 100만 명이다. 도야마 현은 한때 일본의 다른 지역들과 마찬가지로 저출생 문제로 어려움을 겪었다. 일명 "고령자만 남겨진 도시"라는 별명을 달기도 했다. 그러나 2000년대 초반부터 적극적인 출산율 증가 정책을 도입하면서 점차 긍정적인 결과를 이끌어냈다.

구체적인 수치로 살펴보자면, 2005년 도야마 현의 합계출산은 1.42명으로, 일본 전국 평균에 비해 약간 높았다. 그러나 이를 더욱 개선하기 위해 다양한 정책을 시행한 결과, 2020년엔 1.65명으로 상승했다. 이는 일본 전국 평균인 1.34명(2020년 기준)을 크게 웃도는 수치이다. 이후 도야마 현은이 저출생 문제 해결의 주요 성공 사례로 자리매김했다.

93세 할머니와 손녀 (skynews 2023.10.3.)

- 출산 시 일시금을 제공하고, 아동 수당을 지급했다. 특히 다자 녀 가정에 대한 추가 지원을 했다.보육시설 이용료를 낮추고, 소득 수준에 따라 추가적인 지원금을 제공했다.
- 기존 보육시설의 수를 늘리는 동시에, 야간 및 휴일에도 운영 되는 보육시설을 도입했다.
- 근로자들이 보다 유연하게 일할 수 있도록 재택근무, 탄력근무 제 등을 확대했다.
- 주택 구매 시 보조금 제공, 주택 대출 이자율 인하 등의 혜택을 제공했다.
- 지역사회가 육아를 함께 책임지도록 하는 '아이 커뮤니티' 프로 그램을 도입했다.

도야마 현의 가장 두드러진 특징은 고령화문제와 저출생 문제를 동시에 해결했다는 것이다.

"도야마시는 일본 대도시에 비해 세대 간 유대감이 강한 편에 속하며, 3대가 함께 사는 대가족도 많다. 도야마시는 이와 같은 도시의 문화를 도시 정책에 적극 활용했다. 도야마시는 고령자와 어린이가 모두 사회적으로 취약한 상황에 놓여있다는 점과, 이들의 필요가 상당 부분 겹친다는 점에서 착안하여 도심에 다목적 커뮤니티 센터를 설립했다.

할머니, 할아버지와 손주가 이곳을 함께 방문하기도 하며, 고령자 자원봉사자들이 어린이를 위한 방과 후 프로그램을 진행하기도 한다. 고령자 전용 노인복지관이 아닌, 세대 간의 교류를 활성화하는 가족 친화적인 공간이 된 것이다. 또 65세 이상 고령자가 손주, 혹은 증손주와 함께 도야마시 유리 박물관 등 문화 시설을 이용할 경우 입장료가 무료다.

본 사업이 추진된 이후 문화 시설의 이용객 수는 2011년 61만 6529명에서 2018년 64만 2183명으로 약 4.2% 증가했으며, 이 중에 조부모와 손주 이용객은 33227명이었다. 세대 간의 소통을 증진했을 뿐만 아니라, 고령자의 외출을 장려하고 도심을 활성화 했다는 점에서 고령화 문제를 창의적으로 접근한 사례로 꼽힌다."

– 출처 : https://msvinsight.com/compact_city/

4.2 오키나와

오키나와 현은 출생아 수가 사망자 수보다 많은 일본내에서 유일한 현이다. 2020년 기준 합계출산율이 1.86을 기록했다. 2000년대 초반에도 오키나와 현의 합계출산율)은 1.8명 이상을 기록하며 일본 전국 평균을 크게 웃돌았다. 2020년 기준으로 오키나와 현의 합계출산율은 1.86명으로, 이는 일본 전체 평균보다 훨씬 높은 수치이다. 오키나와의 기노자 마을은 합계 출산율이 2.20으로, 일본 전체에서 세 번째로 높은 수치를 기록했다. 오키나와는 지난 40년 이상 국가에서 가장 높은 출산율을 기록했다.

(출처:pacific Air Force)

오키나와는 전통적으로 대가족이 함께 사는 문화가 강한 지역이다. 이는 세대 간의 유대감이 강하고, 육아에 있어 가족 전체가 적극적으로 참여하는 환경을 조성했다. 이러한 문화적 배경은 젊은 세대가 결혼과 출산을 긍정적으로 인식하게 만드는 데에 대들보 역할을 했다.

"오키나와에서는 결혼과 출산 나이가 전국 평균보다 젊다. 2018년 기준, 오키나와 여성의 첫 출산 연령은 평균 28.8세로, 이는 전국 평균보다 아랫니다. 또한, 젊은 결혼 후 이혼과 재혼이 빈번해 여러 아이를 낳는 경우도 흔하다. 오키나와는 '자녀는 보물이다'라는 가치관이 널리 퍼져 있으며, 이러한 문화적 요소가 높은 출산율 유지에 중요한 역할을 하고 있다. 가족과 공동체가 중요한 가치로 여겨지며, 이는 자녀 양육에 대한 부담을 덜어주는 중요한 사회적 지원 체계로 작용한다. 오키나와는 다른 지역에 비해 생활비가 낮아 자녀 양육이 비교적 덜 부담스러운 지역입이다. 이로 인해 오키나와에서는 대체로 다자녀 가구가 많다."[104]

- 출산 및 보육에 대한 보조금, 세금 감면, 교육 지원을 한다.
- 고퀄리티의 산전 및 산후 관리 서비스를 제공한다. 이를테면 의료 전문가의 가정 방문과 모유 수유 지원을 한다.
- 공립 및 사립 보육 시설이 많다. 특히, 저소득 가정을 위한 보육 지원이 잘 갖추어져 있다.

싱가포르
SINGAPORE

1. 역사적 배경과 인구현황

합계 출산율 2.1이라는 대체 수준 이하로 떨어지는 것은 이제 선진국에서는 일반적인 현상이 되었으며, 특히 일본, 한국, 싱가포르, 대만, 그리고 상하이와 홍콩 같은 중국의 고소득 도시들의 출산율은 현저히 낮다. 특히 싱가포르는 1980년대부터 계속된 출산율 하락과 싸워왔다. 정부는 공공 캠페인과 제한된 프로그램을 통해 출산율을 높이려 했지만, 기대한 성과를 얻지 못했다. 싱가포르는 1965년에 독립한 후 급속한 경제 성장을 하게 되었지만, 인구 증가 속도는 비교적 낮았다. 1980년대 초반부터 합계출산율 1.8명 이하로 대체 출산율인 2.1명 아래로 떨어졌다. 이후 싱가포르의 인구는 꾸준히 감소했다.

정부는 1980년대부터 출산율을 높이기 위한 다양한 정책을 도입했다. 초기 정책 중 하나는 출산을 권장하는 공공 캠페인이었다. 2001년에는 보다 포괄적인 출산 장려 인센티브 패키지가 도입되었다. 그러나 이러한 노력에도 불구하고 출산율은 계속 하락하였으며, 2001년 1.41, 2018년 1.16으로 뚝뚝 떨어졌다.

2024년 9월 28일 토요일 현재 싱가포르 의 인구는 5,841,711명 이다. 이는 전 세계 인구의 0.07%이다. (UN데이터)

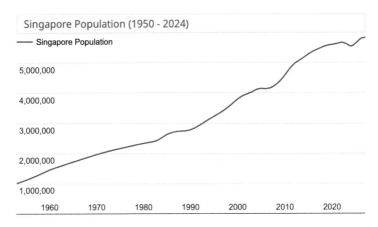

Singapore Population (1950 - 2024)

— Singapore Population

1950–2024 싱가포르 인구변이(worldometers)

2. 저출생 해결 정책

2.1 경제적 인센티브

베이비 보너스

Baby Bonus Scheme은 싱가포르 정부가 저출산 문제를 해결하기 위해 2001년에 도입한 주요 출산 장려 정책이다. 자녀가 있는 가정에 현금 보조와 CDA(Child Development Account)를 제공하는 제도이다. 현금 보조는 초기 양육비 지원을 위한 것이며, CDA는 자녀의 건강 및 교육을 위한 특별 저축 계좌이다. 정부는 부모가 저축한 금액에 대해 일정 비율로 추가 기금을 제공한다.

2004년엔 베이비 보너스 금액이 높아졌고, 저소득층 가정에 더 많은 혜택이 가도록 조정되었다. 2015년 CAD 지원범위가 확대되어, 양육과 교육뿐만 아니라 의료비, 보육 시설 이용 등에 사용할 수 있도록 지원 항목이 늘어났다.

2024년 현재 베이비 보너스는 출산 장려의 핵심 정책으로 유지되고 있다. 현재 첫 자녀는 8,000S$(싱가포르 달러/약 820만원), 둘째 자녀는

S$10,000(약 1,024만원) 셋째 자녀부터는 S$10,000 이상의 현금을 지원받는다. 출산 직후와 출산 이후 몇 단계로 나누어 지급한다.

이러한 경제적 인센티브가 싱가포르 저출생 해결을 위한 주요 정책이지만, 출산율 하락세를 근본적으로 뒤집지는 못하고 있는 실정이다. 싱가포르의 출산율은 2024년 현재도 1.0 이하로, 정부가 목표하는 대체 출산율(2.1)에 미치지 못하고 있다.[105]

양육비 공제(Parenthood Tax Rebate, PTR)

양육비 공제는 출산 장려와 가정 내 양육비 부담을 줄이기 위해 마련된 세금 혜택 제도로 자녀의 출생 수에 따라 부모가 받을 수 있는 세금 공제 금액이 다르다. 한 자녀는 S$5,000, 두 자녀는 S$10,000, 세 자녀는 무려 S$20,000의 세금 공제를 받을 수 있다.

부모는 자녀 수에 따라 양육비 공제를 신청할 수 있으며, 부부는 선택적으로 공제를 분할하여 받을 수 있다. 예를 들어, 부부가 각자 소득이 있다면, 부부 간에 협의하여 공제를 나눠서 신청할 수 있다. 공제 금액은 부모의 소득세에서 직접 차감되므로, 자녀가 많을수록 세금 부담을 줄일 수 있는 효과가 크다.

양육비 공제 외에도 자녀 양육 관련 공제(Qualifying Child Relief, QCR)와 부양 자녀 공제(Working Mother's Child Relief, WMCR) 등이 있다. PTR과 QCR 모두가 자녀 양육과 관련된 세금 혜택 제도이나 적용 방식과 혜택 구조에 있어 차이가 있다.

PTR은 자녀 출생 시 한 번 적용되는 일회성 세금 환급이다. 자녀가 출생할 때마다 특정 금액을 소득세에서 차감하며, 잔여 금액은 이월할 수 있다. 반면에QCR은 매년 반복되는 세금 공제이며, QCR은 자녀 한 명당 매년 4,000 싱가포르 달러의 고정 금액을 공제받는다. 자녀가 16세 이하이거나 풀타임 학생인 동안 계속해서 부모가 공제를 받을 수 있다. QCR은 해당 연도에만 적용되는 세금 공제이며, 이월되지 않는다.

부양 자녀 공제(Working Mother's Child Relief, WMCR)는 일하는 어머니들이 자녀 양육에 대해 추가적인 세금 혜택을 받을 수 있도록 설계된 제도이다. 자녀 수에 따라 어머니의 소득의 일정 비율이 공제된다. 공제비율은 한 자녀 15%, 두 자녀 20%, 세 자녀 25%이다. 적용조건으로는 자녀가 16세 이하여야 하며, 16세 이상일 경우 풀타임 교육을 받고 있어야 하고, 싱가포르 시민권자여야 한다. 앞서 설명한 PTR, QCR과 중복공제가 가능하나 총 공제액이 납부할 세금의 100%를 넘지 않는다.[106]

2.2 일과 가정 양립을 제도적으로 지원

유연근무제 도입

싱가포르의 유연근무제는 특히 출산 후 경력 복귀를 원하는 여성 근로자들에게 큰 혜택을 제공한다. 출산 후 복직하는 여성들이 경력을 포기하지 않고 지속할 수 있도록 다양한 근무 옵션이 마련되어 있다. 이 제도는 직장 내 성 평등을 증진시킬 뿐 아니라 육아와 경력 사이에서 고민하는 여성들이 선택의 폭을 넓힐 수 있는 토대를 마련해 준다.

또한, 정부는 유연근무제를 채택한 기업들에 인센티브를 제공하여 근로 환경 개선을 위한 노력을 촉진하고 있다. 싱가포르 인력부(Ministry of Manpower, MOM)는 '유연근무제 이니셔티브(Flexible Work Arrangement Initiative)'를 통해 기업들이 유연근무제를 시행할 수 있도록 다양한 지원책을 제공한다. 이 제도는 기업의 생산성을 유지하면서도 직원들의 워라밸(Work-Life Balance)을 보장할 수 있다.[107]

유연근무제의 보급은 일하는 자녀를 둔 부모뿐만 아니라 싱가포르 전체 노동 자의 워라밸 향상에도 기여하고 있으며, 그 결과 국가 경제 발전에도 긍정적인 영향을 미치고 있다.

유급 출산휴가 및 육아휴직

싱가포르의 유급 출산휴가는 1968년 처음 도입되었다. 초기에는 공공 부문 여성 근로자에게만 4주간의 유급 출산휴가가 제공되었으나, 이후 1974년에 민간 부문으로 확대되었다. 2004년에는 출산휴가 기간이 12주로 연장되었으며, 8주를 정부가 보조하고, 나머지 4주는 고용주가 부담하는 방식으로 운영되었다.

남성 근로자의 유급 육아휴직, 즉 아빠 육아휴직(paternity leave)은 은 2013년에 도입되었다. 2017년에는 남성에게 2주의 유급 육아휴직을 제공하는 제도로 확대되었다. 2024년 현재, 싱가포르의 유급 아빠 육아휴직은 2주간 제공되며, 이는 정부가 전액 지원한다. 아빠 육아휴직은 싱가포르 시민권을 가진 아버지들에게 적용되며, 첫째 자녀나 둘째 자녀나 구분 없이 모두 모든 출산에 적용된다. 고용주는 의무적으로 아빠 육아휴직을 보장해야 한다.

2024년 현재, 싱가포르의 유급 출산휴가는 최대 16주까지 제공되며, 이 중 12주는 모든 여성 근로자에게 보장되고, 나머지 4주는 두 번째 자녀 이상 출산 시에 적용된다. 여성 근로자는 첫 8주의 급여를 고용주로부터, 나머지 8주의 급여는 정부로부터 지원받는다. [108]

'스마트 네이션' 전략과 재택근무 확대

싱가포르 정부는 2014년에 스마트 네이션 이니셔티브를 공식적으로 발표했다. 스마트 네이션(Smart Nation) 전략은 국가 전체의 디지털화를 촉진하여 모든 시민이 기술을 활용해 삶의 질을 향상시키고, 경제와 사회의 다양한 분야에서 혁신을 이루도록 하는 장기적 계획이다. 특히 재택근무와 원격근무는 이 전략의 중요한 축으로 자리 잡고 있다. [109]

특히 코로나19 팬데믹 이후, 재택근무와 원격근무는 스마트 네이션 전략의 주요 정책 중 하나로 부상했다. 정부는 디지털 기술을 적극적으로 도입하여 근로자들이 시간과 장소에 구애받지 않고 일할 수 있도록 클라우드 기반의 협업 도구와 가상 회의 시스템을 강화했다. 이러한 환경은 근로자들이 물리적 사무실에 구속되지 않고도 업무를 수행할 수 있게 함으로써, 가정에서 일하는 부모들이 직장과 가정의 역할을 균형 있게 분담할 수 있도록 돕고 있다.

싱가포르 정부는 또한 기업들에게 재택근무 환경을 개선하기 위한 인센티브를 제공하고, 근로자들이 디지털 도구를 원활하게 사용할 수 있도록 디지털 스킬 교육 프로그램을 확대하고 있다. 이러한 변화는 근로자들이 생산성과 일과 가정의 양립을 위한 것이다. 싱가포르의 스마트 네이션 전략은 전 세계적으로도 주목받는 성공적인 디지털 혁신 사례로 평가받고 있다.

그러나 싱가포르의 스마트 네이션(Smart Nation) 전략의 효과는 제한적이며, 저출산 문제는 여전히 중요한 도전 과제로 남아 있다. 싱가포르 정부는 스마트 네이션 전략을 통해 유아 교육, 보육 서비스 등과 관련된 디지털 플랫폼과 앱을 개발하여 부모들이 양육에 필요한 정보에 쉽게 접근할 수 있도록 했다.

그럼에도 불구하고, 싱가포르의 저출산 문제는 기술적 혁신만으로 해결할 수 없는 구조적인 문제이다. 높은 생활비, 육아 및 교육비 부담, 집값 상승, 직장 내 성 평등 문제 등 다양한 사회적·경제적 요인이 여전히 출산율에 영향을 미치고 있기 때문이다. 이러한 요인들은 스마트 네이션 전략만으로는 해결하기 어렵다.

보육 및 교육 서비스

싱가포르 정부는 Anchor Operator Scheme (AOP)과 Partner Operator Scheme(POP)을 통해 중저소득 가정이 양질의 보육기관을 쉽게 이용할 수 있도록 지원하고 있다.

AOP는 대규모 보육기관을 대상으로 한다. 이 프로그램에 참여하는 보육기관은 유아 교육 및 보육의 질을 지속적으로 개선하기 위한 교육 프로그램과 교사 훈련에 힘써야 한다.

AOP의 특징은 저렴한 보육비이다. AOP에 참여하는 보육시설들은 정부가 설정한 보육비 상한선을 준수해야 한다. 이는 보육비가 과도하게 상승하지 않도록 제재하기 위함이다. 중산층 및 저소득층 가정들이 AOP의 혜택을 받고 있다. AOP에 참여하는 보육기관은 싱가포르 전역에 분포되어 있어, 대부분의 가정이 가까운 거리에서 양질의 보육서비스를 받을 수 있다.[110]

반면에 POP는 하는 반면 중소 규모의 보육기관을 대상으로 한 제도이다. 정부는 POP는 중소규모 보육기관에 운영비와 인프라 개선을 위한 재정적 지원을 한다. POP 역시 정부로부터 재정적 지원을 받기 때문에 보육비 상한선을 설정해야 한다.

싱가포르 교회는 출산 장려와 보육서비스 제공에 중요한 역할을 하고 있다. 즉 가정의 중요성을 강조함으로써 신앙 공동체 내에서 가족 중심의 문화를 확산시키고 있을 뿐 아니라 보육시설을 통해 부모들이 양육 부담을 덜어준다. 교회의 이러한 역할은 싱가포르 정부의 저출생 문제 해결의 보완책이 되고 있다.[111]

일부 교회 기반 보육시설은 Anchor Operator Scheme (AOP)과 Partner Operator Scheme(POP)를 통해 정부로부타 재정적 지원을 받아 보육비를 낮추고, 더 많은 부모들이 이용할 수 있도록 보육시설을 운영하고 있다. 상당수의 교회 기반의 보육시설이 AOP와 POP 참여기관과 연계되어 있다. 그 가운데 몇몇 교회를 소개한다.

성 제임스 교회(St. James' Church) 어린이집

성제임스 교회 어린이집(St. James' Church Kindergarten : SJCK)은 1977년에 설립되었으며 싱가포르에서 가장 오래된 교회 기반 유치원 중 하나이다. 이 유치원은 AOP에 참여하여, 정부의 지원을 받으며 보육비를 저렴하게 유지하고 있다.

웨슬리 감리교회 어린이집(Wesley Methodist Church Kindergarten)

웨슬리 감리교회는 싱가포르의 대형 교회 가운데 하나이다. 이 교회 산하의 어린이집은 AOP 지원을 받아 보육서비스를 제공한다.

Faith Kindergarten (Faith Methodist Church)

Faith Methodist Church에서 운영하는 유아원 역시 정부로 부터 AOP 혜택을 받고 있다. 1966년에 설립되어 지금까지 변함없이 지역 사회에서 내 신앙적 교육을 실천하고 있다.

Faith 유아원 (https://methodistpreschools.org/faith)

싱가포르의 저출생 문제는 정부의 여러 정책에도 불구하고 여전히 심각한 사회적 이슈로 남아 있다. 출산 연령 증가와 생식 기술에 대한 과신이 그 한 예이다.

옥스퍼드 대학의 연구에 따르면, 전 세계적으로 출산 평균 연령은 10년마다 약 1년씩 증가하고 있다. 싱가포르도 이와 유사한 현상을 겪고 있으며, 특히 20-24세 여성의 출산율이 급격히 감소해, 40-44세 여성의 출산율과 유사한 수준에 이르렀다. 이는 단순히 출산이 지연된 것이 아니라, 젊은 여성들이 출산 적령기에 출산을 하지 않거나, 출산이 어려워지고 있기 때문이다. 이처럼 출산 적령기의 출산을 장려할 구체적인 정책 도구가 부족하다는 점은 싱가포르 정부의 큰 한계로 지적되고 있다. 따라서 출산 연령을 낮추기 위한 정책적 노력이 필요하다.

싱가포르 정부는 다양한 인센티브와 보조금을 통해 출산율을 높이려 하고 있지만, 출산 연령 증가를 해결하는 데 있어서는 특별한 정책적 접근이 부족한 상황이다. 특히, 결혼 및 출산을 지연하는 사회적 트렌드에 맞춘 대책이 부족하며, 이는 저출산 문제를 해결하는 데 있어 큰 장애물이 되고 있다.

많은 사람들이 체외수정(IVF)과 같은 생식 기술이 나이와 관련된 불임 문제를 해결할 수 있다고 생각하고 있다. 하지만 그 위험성에 대해서는 과소평가하고 있다. 싱가포르 정부는 IVF와 같은 생식 기술 치료 비용을 보조하고 있지만 이 정책은 출산율을 높이는 데 크게 부응하지 못한다. (일본도 비슷한 상황임. 일본은 세계에서 가장 높은 IVF 출산율을 기록하고 있음에도 불구하고, 출산율은 여전히 매우 낮음.)

인적 자본 투자와 출산율의 관계 인식의 변화필요

싱가포르와 같은 국가들은 국제 학업 성취도 평가(PISA)와 같은 테스트에서 높은 성과를 보이며, 이는 자녀의 수와 교육의 퀄리티가 반비례한다는 인식이 강하다. (OECD, "PISA Results Overview)즉, 부모들이 자녀의 교육에 더 많은 자원을 투자하기 위해 자녀의 수를 줄이는 경향이 있다. 자녀가 많을수록 교육에 드는 비용이 기하급수적으로 증가하기 때문에, 부모들은 적은 수의 자녀에게 집중적으로 투자하는 것을 선택하는 경향이 강해졌다. 이러한 현상은 동아시아권 국가에서 특히 두드러진다.

이러한 사회적 인식은 저출산 문제의 근본적인 해결을 어렵게 만든다. 많은 부모들이 자녀 한 명당 교육 비용, 보육비, 주거 비용 등을 지나치게 강조하며, 경제적 안정성이 확보되지 않으면 출산을 꺼린다. 하지만 이러한 인식이 고착화된다면, 출산율을 높이는 정부의 재정적 지원이나 정책 변화도 한계에 부딪힐 수 밖에 없다. 따라서, 저출생 문제를 해결하기 위해서는 단순히 재정적 지원이나 일-가정 양립 정책을 넘어서, 자녀 양육에 대한 인식의 변화가 필요하다.

부모들이 자녀의 수와 교육 퀄리티 간의 관계를 너무 직접적으로 반비례하는 것으로 보지 않고, 자녀가 많은 가정도 충분한 교육과 돌봄을 받을 수 있는 시스템을 신뢰할 수 있도록 해야 한다. 이를 위해 정부는 공공 교육의 질을 높이고, 교육비와 양육비 부담을 줄이는 정책을 강화할 필요가 있다.

또한, 사회적 인식 캠페인을 통해 자녀가 많아도 양질의 교육을 받을 수 있는 환경을 조성하고, 다자녀 가정에 대한 긍정적인 이미지를 확산시키는 것이 중요하다. 출산과 양육은 단지 경제적 부담이 아니라, 사회와 국가의 장기적 발전에 중요한 투자라는 인식을 심어줄 필요가 있다. 정부는 자녀의 수와 교육의 질이 상충하지 않는 사회적 시스템을 구축하고, 자녀를 키우는 것이 사회 전체에 긍정적인 영향을 미친다는 인식을 확산시켜야 할 것이다.

합계출산율이
0.6에 근접,
그렇다면,
무엇을 어떻게?

1. 인식의 변화가 필요

합계출산율이 0.6에 근접하는 지금, 출산과 육아는 단순한 개인의 선택을 넘어 국가 존속을 위한 필수적인 과제로 부상했다. 그러나 현재의 제도는 이를 뒷받침하기에 부족한 점이 많다. 그중 하나가 바로 '육아휴직'이라는 용어 자체다.

'휴직'이라는 단어는 말 그대로 일을 쉬는 것을 의미한다. 이 용어가 육아에 붙는 것은 아이를 돌보는 행위가 마치 일을 쉬는 것처럼 여겨지기 때문이다. 하지만 육아는 결코 '쉼'이 아니다. 오히려 육아는 공동체를 위한 공공적 행위이며, 미래 세대를 키우는 중요한 노동이다. 그럼에도 불구하고, 육아를 위해 휴직을 사용하는 부모들은 사회적으로 소외감을 느끼고, 직장으로부터 멀어지는 부담을 감수해야 한다.

이제는 이러한 현실을 바꾸기 위해 '육아 근무제'나 '돌봄 노동제'와 같은 새로운 개념을 도입할 필요가 있다. 이는 육아 중인 부모에게 단순히 일을 쉬는 것이 아니라, 육아가 사회적으로 인정받는 노동임을 명확히 하는 것이다. 이를 통해 부모들은 육아 기간 동안에도 소속감을 유지할 수 있으며, 특정 '휴무일'을 지정함으로써 일과 육아의 균형을 맞출 수 있다.

더 나아가, 국가 차원에서 '공공 가사 도우미'를 파견해 가사와 육아를 지원하는 방안을 고려할 수 있다. 이미 보육은 국가의 책임으로 인정받고 있으며, 수십조 원에 달하는 저출산 및 보육 예산을 합친다면 이 같은 제도를 충분히 시행할 수 있을 것이다.

출산과 육아는 단순히 개인의 문제가 아니라, 국가와 사회가 함께 책임져야 할 중요한 과제다. 이제는 육아를 "휴식"이 아닌 "노동"으로 인식하고, 이를 뒷받침할 제도적 변화가 시급하다. '육아 근무제' 도입을 통해 부모들이 당당하게 아이를 키우고, 동시에 사회 구성원으로서의 역할을 이어갈 수 있는 환경을 조성해야 한다.

1.1 출생에 대한 인식 변화를 위한 글로벌 캠페인 사례

전 세계적으로 출생을 높이기 위해 다양한 정책과 캠페인이 있다. 창의적인 캠페인 몇 가지를 소개한다.

덴마크

"Do it for Denmark"

덴마크는 출생률 감소 문제를 해결하기 위해 2014년에 "Do it for Denmark"라는 독특한 캠페인을 시작했다. 이 캠페인은 덴마크 여행사인 Spies Travel이 주도했으며, 유머와 긍정적인 메시지를 결합하여 젊은 덴마크인들에게 자녀를 갖는 것을 장려했다.

덴마크의 낮은 출생률 문제를 부각시키며, 덴마크 시민들이 자녀를 가지는 것이 나라를 위해 중요한 일이라는 메시지를 전달했다. 또한,

여행과 로맨스가 출산율을 높이는 데 도움이 될 수 있다는 점을 강조하며, 연인들이 여행을 통해 관계를 더욱 가깝게 만들고, 그 결과로 더 많은 자녀를 가지게 될 가능성을 제시했다.

이 캠페인은 덴마크 사회에서 큰 화제를 모았으며, 실제로 덴마크의 출산율 증가에 긍정적인 영향을 미쳤다. 이 캠페인은 전 세계적으로도 주목을 받았으며, 저출생 문제에 대한 창의적인 접근법을 제시한 사례로 평가받고 있다.

SPIES 여행사 홍보 사진

싱가포르

'Have Three or More, if You Can Afford It', 'Hey Baby'

싱가포르는 1987년에 'Have Three or More, if You Can Afford It(경제적 여유가 된다면 3명 이상을)'라는 캠페인을 시작하여 저출생 문제를 해결하려 했다. 이 캠페인은 싱가포르 정부가 주도한 것으로, 출산율을 높이기 위해 다자녀 가정을 장려하는 메시지를 전달했다.

자녀를 셋 이상 낳을 수 있는 경제적 여력이 있는 가정이 더 많은 자녀를 가질 것을 권장하는 메시지를 중심으로 전개되었다. 정부는 다자녀 가정에 대해 세금 혜택, 주택 지원, 교육비 보조 등 다양한 인센티브를 제공했다. 또한, 싱가포르 내에서 출산과 양육에 대한 긍정적인 인식을 조성하기 위해 다양한 미디어와 교육 프로그램을 활용했다.

그 결과 당시 싱가포르의 출산율을 증가시키는 데 일정한 성과를 거두었다. 그러나 싱가포르는 이후에도 저출산 문제에 지속적으로 대응하기 위해 다양한 정책과 캠페인을 추가로 시행해야 했다.

아울러 'Hey Baby' 캠페인도 있다. 'Hey Baby' 캠페인은 출산을 장려하기 위해 다양한 미디어를 활용한 종합적인 홍보 전략이다. 이 캠페인은 출산과 육아를 긍정적으로 그리며, 결혼과 자녀 양육의 중요성을 강조했다. 이 캠페인이 출산율 증가에 크게 영향을 미치지는 못했지만 젊은 세대에게 출산과 육아, 결혼과 자녀 양육의 중요성에 대한 인식을 강화시켰다는 점에서 높이 평가받았다.

엽서 'Have Three or More, if You Can Afford It'

일본

일본은 심각한 저출산 문제에 직면하여 2006년에 "Plus One"이라는 캠페인을 시작했다. 이 캠페인은 출산율을 높이고, 사회 전반에 걸쳐 자녀 양육에 대한 긍정적인 인식을 확산시키기 위해 일본 정부가 주도한 캠페인이다.

"Plus One" 캠페인은 부모들이 자녀를 하나 더 낳는 것을 장려하는 내용을 담고 있으며, 자녀를 양육하는 데 필요한 경제적, 사회적 지원을 제공하기 위한 다양한 프로그램을 소개했다. 또한, 자녀 양육의 즐거움을 강조하고, 자녀를 많이 가질수록 더 행복할 수 있다는 메시지를 전달했다.

이 캠페인은 일본 사회에서 저출산 문제에 대한 인식을 높이는 데 기여했으며, 출산율을 높이기 위한 정부의 노력을 강화하는 데 중요한 역할을 했다. 그러나 일본의 전통적인 가족 및 직장 문화, 높은 생활비 등의 요인이 여전히 출산율 회복에 큰 도전 과제로 남아 있다.

러시아

러시아는 출산율을 높이기 위해 2007년부터 "Family Contact Day"라는 캠페인을 도입했다. 이 캠페인은 러시아 정부가 주도했으며, 9월 12일을 가족이 함께 시간을 보내는 "Family Contact Day"로 지정했다.

이 날은 부모들이 자녀 양육과 관련된 부담을 덜고, 가족 간의 유대감을 강화하는 데 중점을 두는 날로, 러시아 전역에서 진행된다. 정부는 이 날을 맞아 부모들이 일찍 퇴근하여 가족과 시간을 보낼 수 있도록 권장하며, 가족의 중요성을 강조하는 메시지를 전달한다.

이 캠페인은 가족의 중요성에 대한 사회적 인식을 높이는 데 기여했다. 캠페인은 러시아 내에서 가정과 가족 생활에 대한 긍정적인 메시지를 확산시키는 역할을 했다.

이처럼 저출생 문제를 해결하기 위한 글로벌 캠페인들은 각국의 문화적, 사회적 배경에 맞춘 다양한 접근법을 통해 출산율을 높이고자 했다. 대한민국을 비롯한 다른 국가들도 이들 사례를 벤치마킹하여 자국의 저출생 문제를 해결하기 위한 창의적인 캠페인을 도입할 수 있을 것이다.

프랑스

프랑스는 'Fertility, it's your future'라는 캠페인을 통해 출산에 대한 인식 개선과 젊은 세대의 관심을 촉구하고 있다. 이 캠페인은 2019년에 프랑스 보건 당국과 관련 기관들이 협력하여 시작되었다. 캠페인의 주요 목표는 젊은이들에게 출산과 생식 건강의 중요성을 알리고, 이를 통해 출산율을 장기적으로 회복하는 것이었다. 특히, 이 캠페인은 출산을 단순한 개인의 선택이 아닌, 미래의 삶의 질과 사회적 안정을 위한 중요한 요소로 인식시키려는 목적을 가지고 있었다.

이 캠페인은 다양한 미디어 플랫폼을 통해 젊은 세대에게 접근했다. 소셜 미디어, TV, 라디오, 그리고 교육 프로그램을 통해 생식 건강과 출산 계획에 대한 정보를 제공했다. 캠페인은 출산과 관련된 잘 못된 인식을 바로잡고, 생식 건강 관리의 중요성을 강조했다. 또한, 개인이 출산 계획을 세우는 데 있어 신체적, 정신적 건강이 어떻게 중 요한 역할을 하는지를 설명했다.

특히 캠페인은 불임 문제와 생식 건강에 대한 오해를 해소하기 위 해 많은 노력을 기울였다. 프랑스 정부는 이 캠페인을 통해 불임 치료 의 필요성과 접근성을 높이기 위한 정보를 제공하고, 젊은 세대가 더 일찍 자신의 생식 건강을 관리할 수 있도록 독려했다.

캠페인 시작 이후, 프랑스 내에서 생식 건강에 대한 인식이 크게 개 선된 것으로 나타났다. 프랑스 보건부의 자료에 따르면, 캠페인 이후 생식 건강 검진을 받는 젊은이들의 비율이 15% 이상 증가했으며, 불 임 치료에 대한 상담 건수도 눈에 띄게 늘어났다. 또한, 출산 계획을 세우는 데 있어 젊은 세대의 관심이 높아졌다는 조사 결과도 있었다.

프랑스 내에서는 이 캠페인이 단기적인 출산율 회복에 즉각적인 영 향을 미치지 않았지만, 장기적으로 출산율을 안정시키고 젊은 세대의 생식 건강 관리에 대한 인식을 높이는 데 중요한 역할을 했다고 평가 받고 있다.

2. 적극적인 가사노동 서비스

저출생과 육아 부담 문제는 비단 대한민국의 문제가 아니다. 전 세계적으로 많은 국가들이 이 문제를 해결하기 위해 다양한 정책을 도입하고 있으며, 그중 하나가 바로 '공공가사도우미' 제도다. 이 제도는 육아와 가사 노동의 부담을 덜어주어 부모들이 자녀 양육과 직장 생활을 더 잘 병행할 수 있도록 돕는 역할을 한다. 몇 개국의 사례를 소개한다.

스웨덴

스웨덴의 'ROT 및 RUT 공제'는 특히 주목할 만하다. 이 제도를 통해 부모들은 정부의 보조금을 활용해 가사 도우미를 고용할 수 있다. 이 공제는 청소, 세탁, 요리 등 다양한 가사 노동을 포함하며, 육아로 바쁜 부모들에게 큰 도움이 되고 있다. 이를 통해 스웨덴은 부모들이 자녀와 더 많은 시간을 보낼 수 있도록 돕고, 동시에 가사 노동에 대한 부담을 줄여주고 있다.

'ROT 및 RUT 공제'는 스웨덴 정부가 제공하는 세금 공제 제도로, RUT 공제는 주로 가사 노동에, ROT 공제는 주택 개보수에 적용된다. RUT 공제는 청소, 세탁, 요리, 아이 돌봄 등의 가사 서비스에 대해 세금 공제를 제공하며, 특히 육아로 바쁜 부모들에게 큰 도움이 되고 있다.

스웨덴 통계청의 자료에 따르면, RUT 공제 제도는 도입된 이후 꾸준히 이용자가 증가하고 있다. 2023년 기준, RUT 공제를 이용한 가구 수는 약 100만 가구에 달하며, 이는 전체 가구의 약 25%에 해당한다. 이 중 약 70%의 가구는 청소 및 육아 돌봄 서비스를 이용한 것으로 나타났다. 이는 부모들이 직장 생활과 육아를 병행하는 데 있어 이제도가 얼마나 중요한 역할을 하고 있는지를 보여준다.

또한, RUT 공제를 통해 가사 도우미 서비스를 이용한 가구들은 평균적으로 연간 약 5만 크로나(SEK)의 세금 혜택을 받고 있다. 이는 한국 원화로 약 600만 원에 해당하는 금액으로, 부모들이 경제적 부담을 덜고 보다 안정된 환경에서 자녀를 양육할 수 있도록 돕고 있다.

프랑스

프랑스는 출산율이 비교적 높은 국가로, 이는 다양한 가족 지원 정책 덕분이다. 그 중 '서비스 아 라 페르소네'(Services à la personne)라는 제도가 있다. 이 제도는 프랑스 정부가 제공하는 가사 및 육아 지원 서비스로, 부모들이 육아와 가사 노동에 대한 부담을 줄일 수 있도록 다양한 서비스를 제공한다. 청소, 요리, 세탁, 아이 돌봄 등 가사 전반에 걸친 서비스를 포함하며, 프랑스 가정에서 매우 인기가 높다.

프랑스 노동부의 자료에 따르면, 2023년 기준으로 '서비스 아 라 페르소네'를 이용하는 가구 수는 약 300만 가구에 달한다. 이는 전체 가구의 약 10%에 해당하며, 특히 가사 및 육아 돌봄 서비스 이용이 두드러지게 증가하고 있다. 2022년과 비교했을 때, 이 제도를 통한 가사 도우미 및 육아 지원 서비스 이용률은 약 15% 증가한 것으로 나타났다.

이를 통해 프랑스 가정은 평균적으로 연간 약 3,000유로(약 430만 원)의 세금 혜택을 받고 있다. 이는 특히 다자녀 가구와 맞벌이 부부들에게 큰 도움이 되고 있으며, 이들의 경제적 부담을 효과적으로 완화하고 있다.

'서비스 아 라 페르소네'는 가정 내 노동 부담을 덜어주는 것 외에도, 일자리 창출에 기여하고 있다. 2023년 기준으로 이 제도를 통해 창출된 일자리는 약 50만 개에 이르며, 이는 프랑스 노동 시장에서 중요한 역할을 하고 있다. 특히 여성과 저소득층, 이민자들이 이 일자리의 상당 부분을 차지하고 있어, 사회적 통합과 경제적 기회의 확대에도 긍정적인 영향을 미치고 있다.

프랑스 정부는 이러한 성과를 바탕으로 '서비스 아 라 페르소네' 제도를 더욱 확대할 계획이며, 저출생 문제 해결에도 큰 도움이 될것으로 기대한다.

일본

일본은 급격한 저출산 문제에 직면하면서 부모들이 직장과 육아를 병행하기 어려운 현실을 개선하기 위해 다양한 정책을 도입해왔다. 그 중에서도 '가사 및 육아 지원 서비스'(Ninshin Ikenai Seikatsu Shien

Services)는 부모들의 육아 부담을 덜어주고, 직장 생활과 자녀 양육을 조화롭게 할 수 있도록 돕는 중요한 정책으로 자리 잡고 있다.

이 서비스는 는 일본 정부가 제공하는 지원 제도로, 부모들이 육아와 가사 노동에 필요한 다양한 서비스를 이용할 수 있도록 지원한다. 청소, 세탁, 요리, 아이 돌봄 등 가사 전반에 걸친 서비스를 포함하며, 특히 자녀를 양육하는 가정에 경제적, 실질적 도움을 제공하는 데 초점을 맞추고 있다.

일본 후생노동성의 자료에 따르면, 2023년 기준으로 '가사 및 육아 지원 서비스'를 이용한 가구 수는 약 200만 가구에 이른다. 이는 전체 가구의 약 7%에 해당하며, 2020년 도입 이후 꾸준히 증가해왔다. 특히, 2021년과 2023년 사이에 이 서비스를 이용하는 가구 수는 약 20% 증가했으며, 이는 일본 가정에서 이 제도의 필요성이 점차 커지고 있음을 보여준다.

또한, 이 제도를 통해 일본 가정은 연간 약 15만 엔(약 150만 원)의 비용 절감 효과를 보고 있다. 이 금액은 가사 및 육아 도우미 서비스 이용에 대한 정부 보조금과 세금 공제 혜택을 통해 절감된 비용으로, 부모들이 경제적 부담을 덜고 더 많은 시간을 자녀와 함께 보낼 수 있도록 돕는다.

일본 내에서 가사 노동 시장의 활성화와 일자리 창출에도 긍정적인 영향을 미치고 있다. 2023년 기준으로 이 제도를 통해 약 25만 개의 일자리가 창출되었으며, 이는 주로 여성과 이민자, 비정규직 근로자들이 차지하고 있다. 이러한 일자리 창출은 일본 사회의 경제적 활성화와 더불어, 사회적 통합에도 기여하고 있다.

3. 벽을 허물라

저출생 위기를 극복하기 위해서는 그 어떤 벽도 갈라침도 허용할
수 없다.

3.1 보수와 진보의 벽

저출생 문제는 단순히 특정 정치 이념에 따른 접근으로는 해결하기
어렵다. 보수와 진보의 이념적 차이를 넘어서, 국가의 지속 가능한 발
전을 위해서는 모두가 동의할 수 있는 포괄적이고 실질적인 해결책이
필요하다. 대한민국이야말로 다양한 글로벌 사례에서 교훈을 얻어 저
출생 문제에 대한 실질적인 해결책을 마련해야 할 때다.

세계적으로 긍정적인 성과를 거둔 정책들을 보수와 진보라는 이념
적 구분을 넘어선다. 실제로, 여러 국가들이 저출생 문제를 해결하기
위해 도입한 다양한 정책들은 이념에 관계없이 공통된 목표를 지니고
있음을 보여준다. 몇 몇 국가의 정책을 소개한다.

헝가리는 보수적 정부가 주도하는 강력한 출산 장려 정책으로 주목
받고 있다. 빅토르 오르반총리가 이끄는 정부는 출산율을 높이기 위
해 대규모 재정 지원과 세금 혜택을 포함한 다양한 정책을 도입했다.
헝가리 정부는 결혼한 부부에게 대출을 제공하고, 세 자녀 이상을 둔

가정에는 대출 상환을 면제해주는 프로그램을 운영 중이다. 또한, 다자녀 가정에 대한 세금 감면 혜택도 크게 확대했다.

이러한 정책들은 보수적인 가치관을 반영하면서도, 그 목표는 사회 전체의 지속 가능성을 확보하기 위한 것이었다. 헝가리의 경우, 보수적 이념이 강한 정부조차도 저출생 문제 해결을 위해 적극적으로 개입하고 있으며, 이 정책들은 사회 전반에서 긍정적인 반응을 얻고 있다.

스웨덴은 진보적 복지 국가로서, 포괄적인 가족 지원 정책을 통해 저출산 문제를 해결하고 있다. 스웨덴은 부모들에게 긴 육아휴직과 유연근무제를 제공하며, 육아비용을 국가가 대부분 부담하는 정책을 시행하고 있다. 스웨덴의 보육 서비스는 높은 질을 자랑하며, 부모들이 안심하고 자녀를 맡길 수 있는 환경을 제공한다.

스웨덴의 이러한 접근은 진보적 가치에 기반을 두고 있지만, 그 목표는 헝가리와 마찬가지로 출산율을 유지하고 인구 구조의 안정을 도모하는 데 있다. 스웨덴의 정책은 출산율 회복뿐만 아니라 성평등 촉진과 노동 시장 참여 확대라는 부수적 효과도 가져왔다.

프랑스는 오랫동안 안정적인 출산율을 유지해온 국가로, 이는 다양한 이념적 배경을 가진 정부들이 꾸준히 가족 지원 정책을 이어온 결과다. 프랑스는 보수, 진보 정부를 막론하고 가족 정책에 대한 폭넓은 사회적 합의를 바탕으로, 다자녀 가구에 대한 세제 혜택, 유급 육아휴직, 그리고 광범위한 보육 지원 서비스를 제공해왔다.

프랑스의 사례는 저출생 문제 해결을 위한 정책이 특정 이념에 국한되지 않고, 사회적 필요에 따라 지속적으로 발전해왔음을 보여준다. 프랑스는 출산 장려뿐만 아니라 여성의 경제활동 참여와 가족의 삶의 질 향상을 동시에 달성하는 데 성공했다.

3.2 종교와 신념의 벽

저출생 문제를 해결하기 위해서는 경제적, 사회적 지원뿐만 아니라, 다양한 문화적 · 종교적 요인에 대한 깊은 이해와 변화가 필요하다. 특히, 종교적 장벽이 저출생 문제 해결에 장애가 될 수 있다는 점에서, 이를 허물고 새로운 접근을 모색하는 것이 중요하다.

종교는 오랜 세월 동안 개인의 삶에 깊이 뿌리내려왔으며, 결혼과 출산에 대한 가치관에도 큰 영향을 미쳐왔다. 일부 종교에서는 결혼과 출산을 장려하고, 이를 신성한 의무로 여기는 경우가 많다. 그러나 현대 사회에서 종교적 규범이 변화하는 가정 구조와 경제적 현실에 맞지 않게 적용될 때, 이는 저출생 문제를 악화시킬 수 있다.

예를 들어, 특정 종교에서는 혼외 출산을 금기시하거나, 특정 조건에서만 출산을 허용하는 등 엄격한 규범을 유지할 수 있다. 이러한 규범은 개인의 선택을 제한하고, 출산율 감소에 기여할 수 있다. 또한, 일부 종교에서는 가족의 형태나 양육 방법에 대한 강한 규범을 유지하여, 결혼과 출산을 둘러싼 다양한 선택지를 제한하는 경우도 있다.

저출생 문제를 해결하기 위해서는 이러한 종교적 장벽을 허물고, 보다 유연하고 포용적인 접근이 필요하다. 이는 종교가 출산과 가족에 대한 고정된 개념을 재고하고, 현대 사회의 현실에 맞는 새로운 해석을 수용해야 한다는 것을 의미한다. 종교는 개인과 공동체의 가치관을 형성하는 중요한 역할을 하지만, 그것이 개인의 출산 선택을 제한하고 사회적 문제를 악화시키는 요소로 작용해서는 안 된다.

종교 지도자들과 공동체가 저출생 문제의 심각성을 인식하고, 이에 대한 대응책을 모색하는 것이 중요하다. 이를 위해 종교적 가르침을 현대적 상황에 맞게 해석하고, 다양한 가족 형태와 출산 방식을 존중하는 방향으로 변화시킬 필요가 있다. 종교적 신념이 출산을 장려하는 동시에, 개인의 선택을 존중하고 지원할 수 있는 새로운 길을 모색해야 한다.

몇몇 국가에서는 종교적 관습과 사회적 변화가 조화를 이루어 저출생 문제에 긍정적인 영향을 미친 사례가 있다. 예를 들어, 이스라엘에서는 유대교 전통과 현대적 가족 계획이 조화를 이루며, 상대적으로 높은 출산율을 유지하고 있다. 이스라엘의 경우, 종교와 국가가 협력하여 출산과 양육에 대한 지원을 아끼지 않음으로써, 종교적 가치와 현대적 현실이 균형을 이루고 있다.

또한, 북유럽 국가들은 종교적 영향이 약화된 대신, 포괄적인 복지 시스템과 성평등을 강조하는 정책을 통해 출산율을 유지하고 있다. 이러한 사례들은 종교적 신념과 현대 사회의 요구가 어떻게 조화를 이루어 저출생 문제를 해결할 수 있는지를 보여준다.

4. 국가별 재원 마련

미국

미국에는 "싱글세(Single Tax)"와 같은 제도가 공식적으로 존재하지 않는다. 싱글세는 주로 자녀를 가지지 않은 성인에게 추가적인 세금을 부과하는 방식으로 결혼과 출산을 장려하는 정책인데, 미국에서는 이러한 방식의 세금 제도는 도입된 바 없다.

대신, 미국은 결혼한 부부에게 세금 혜택을 제공하는 방식을 통해 간접적으로 결혼과 가족 형성을 장려하고 있다. 예를 들어, 미국의 세금 신고 제도에서 결혼한 부부는 "부부 합산 신고(Married Filing Jointly)"를 통해 세금 신고를 할 수 있는 옵션이 있다. 이 방식은 결혼한 부부가 함께 소득을 신고하며, 다양한 세금 혜택을 받을 수 있어 많은 부부들이 선호한다.

부부 합산 신고를 선택할 경우, 가장 큰 이점 중 하나는 낮은 세율을 적용받는 것이다. 2023년 기준으로, 부부 합산 신고를 할 경우 첫 $22,000의 과세 소득에 대해 10%의 세율이 적용되며, $89,450까지는 12%의 세율이 적용된다. 이는 부부가 각각 독립적으로 신고하는 경우보다 세금 부담을 줄이는 효과를 제공한다. 더 높은 소득 구간에서도 부부 합산 신고는 독립적 신고에 비해 유리한 세율을 제공하여, 총 세금 부담을 낮출 수 있다.

또한, 부부 합산 신고를 선택한 경우, 부부는 더 높은 표준 공제를 받을 수 있다. 2023년 기준으로, 부부 합산 신고 시 받을 수 있는 표준 공제액은 $27,700로, 이는 개별 신고 시 받을 수 있는 공제액보다 훨씬 높다. 이외에도 자녀 세액 공제(Child Tax Credit), 학자금 대출 이자 공제(Student Loan Interest Deduction), 부양가족 공제(Dependent Care Credit) 등 다양한 세금 혜택을 받을 수 있다. 이러한 혜택은 부부가 개별적으로 신고하는 경우보다 세금 절감 효과가 훨씬 크다.[112]

부부 합산 신고는 또한 자본 이득(capital gains) 및 부동산 세금 혜택을 극대화하는 데 도움이 된다. 부부는 합산 신고를 통해 자본 이득에 대한 세금 혜택을 최대한 활용할 수 있으며, 부동산 세금 공제 한도도 증가한다. 이는 부부가 함께 재산을 소유하고 투자 수익을 공유하는 경우, 세금 혜택을 극대화할 수 있다.

그러나 부부 합산 신고는 많은 혜택을 제공하지만, 모든 부부에게 최선의 선택은 아닐 수 있다. 예를 들어, 부부 중 한 명이 높은 소득을 가지고 있고, 다른 한 명이 낮은 소득을 가진 경우, 합산 신고가 불리할 수 있다. 또한, 높은 의료비나 자선 기부 공제를 활용하려는 부부는 개별 신고(Married Filing Separately)를 통해 더 큰 공제를 받을 수 있는 경우도 있다. 이러한 이유로, 부부는 자신의 재정 상황을 면밀히 검토한 후 최적의 신고 방식을 선택해야 한다.

캐나다

캐나다에는 "싱글세(Single Tax)" 대신, "캐나다 아동 혜택(Canada Child Benefit, CCB)"혜택이 있다. 캐나다 아동 혜택(Canada Child Benefit, CCB)은 캐나다 정부가 자녀를 둔 가정을 재정적으로 지원하기 위해 마련한 비과세 혜택으로, 특히 저소득 가정을 중심으로 큰 도움이 되고 있다. 2016년 도입된 CCB는 부모들이 자녀 양육에 필요한 재정적 부담을 덜어주고, 가정의 경제적 안정을 도모하기 위해 설계되었다.

CCB는 가정의 연간 순소득(net income)에 따라 차등 지급되며, 자녀의 수와 나이에 따라 지급액이 달라진다. 2023년 기준으로, 6세 이하의 자녀를 둔 가정은 자녀 1인당 최대 7,437 캐나다 달러를 받을 수 있으며, 6세에서 17세 사이의 자녀를 둔 가정은 자녀 1인당 최대 6,275 캐나다 달러를 받을 수 있다. 가정의 연간 순소득이 $31,711 이하인 경우 최대 금액을 받을 수 있으며, 그 이상의 소득을 가진 가정은 소득에 따라 지급액이 점진적으로 감소한다. 이는 소득 재분배를 통해 저소득 가정이 더 많은 지원을 받을 수 있도록 하는 구조이다.

CCB는 기본 혜택 외에도, 장애를 가진 자녀를 둔 가정이나 한부모 가정에게 추가적인 지원을 제공한다. 장애아동 지원금(Child Disability Benefit, CDB)은 장애를 가진 자녀를 둔 가정에 추가로 연간 최대 2,985 캐나다 달러를 지급하여, 이러한 가정이 더 많은 재정적 지원을 받을 수 있도록 한다. 또한, CCB는 매년 생활비 상승률을 반영하여 조정되므로, 물가 상승에 따른 가정의 경제적 부담을 최소화하려는 정부의 노력이 반영되어 있다. [113]

CCB는 캐나다에서 가정의 경제적 안정을 도모하고 빈곤율을 낮추는 데 중요한 역할을 해왔다. 캐나다 통계청에 따르면, CCB 도입 이후 어린이 빈곤율이 크게 감소했으며, 이는 캐나다 사회의 전반적인 삶의 질을 향상시키는 데 기여했다.

특히, 저소득 가정에서의 자녀 양육비 부담을 덜어줌으로써 많은 가정이 보다 안정적인 생활을 영위할 수 있게 되었다. CCB는 빈곤 완화뿐만 아니라, 아동의 교육 및 건강에 대한 투자로 이어지며, 캐나다 사회의 미래를 위한 중요한 기반을 마련하고 있다.

헝가리

헝가리는 1950년대부터 1970년대까지 자녀가 없는 성인에게 '자녀 없는 세금'이라는 명목으로 세금을 부과했다. 이 정책은 인구 증가를 촉진하기 위한 조치로, 결혼한 부부 중 자녀가 없는 경우 추가적인 세금을 부담하도록 설계되었다. 당시 헝가리 정부는 급격한 인구 감소를 막기 위해 결혼과 출산을 강제하는 정책을 추진했으며, 자녀를 두지 않은 부부에게 경제적 부담을 가중시켜 출산을 장려하려 했다. 그러나 이 제도는 1974년에 폐지되었고, 이후 헝가리의 인구 정책은 큰 변화를 겪게 되었다.

현재 헝가리는 과거와는 반대로 출산율을 높이기 위한 다양한 장려 정책을 시행하고 있다. 인구 감소와 급격한 고령화를 해결하기 위해 헝가리 정부는 2010년대 들어 출산 장려 정책을 강화했다. 특히, 빅토르 오르반(Viktor Orbán) 총리가 이끄는 정부는 출산을 장려하기 위한 여러 가지 세금 혜택과 지원책을 도입했다.

이러한 강력한 출산 장려 정책 덕분에 헝가리의 출생률은 다소 회복되었지만, 여전히 목표 수준에는 미치지 못하고 있다. 젊은 세대는 여전히 경제적 불확실성과 일-가정 양립의 어려움으로 인해 출산을 주저하고 있으며, 출산율이 크게 상승하지 않는 한 인구 감소 문제는 여전히 심각한 과제로 남아 있다.

헝가리 정부는 인구 문제 해결을 위해 지속적으로 새로운 정책을 도입하고 있으며, 이를 통해 장기적인 인구 증가를 도모하고자 하고 있다. 그러나 이러한 정책이 얼마나 지속 가능한지, 그리고 실제로 출산율을 획기적으로 높일 수 있을지는 앞으로의 과제로 남아 있다.

헝가리는 과거의 '자녀 없는 세금'에서 벗어나 현재는 적극적인 출산 장려 정책으로 전환했지만, 인구 문제 해결을 위한 더 포괄적이고 장기적인 접근이 필요하다. 인구 증가를 위한 정책의 효과를 극대화하기 위해서는 경제적 지원뿐만 아니라, 젊은 세대가 직면한 다양한 사회적 도전 과제를 해결하는 데 초점을 맞춰야 할 것이다.

일본

일본이 출산율을 제고하기 위해 시행하고 있는 주요 세금 제도와 정책으로는 자녀 공제와 배우자 공제를 들 수 있다. 2024년에는 이들 공제 제도에 일부 변화가 생겼다.

2024년 기준으로, 일본에서 자녀 공제는 자녀가 있는 가정에 대해 소득세에서 일정 금액을 공제해 주는 형태로 제공된다. 자녀의 수와 나이에 따라 공제액이 달라지며, 첫 번째 자녀부터 세 번째 자녀까지 각각 최대 380,000엔(약 2,600 USD)까지 공제받을 수 있다. 이 공제는 특히 저소득 가정에 큰 혜택을 제공하며, 자녀 양육에 따른 경제적 부담을 줄이는 데 기여하고 있다.

또한, 일본 정부는 고등학생 이하 자녀를 둔 가정에 대한 공제를 확대하고 있으며, 이로 인해 자녀 양육에 대한 지원이 더욱 강화될 것으로 예상된다. 2024년에는 이러한 공제의 확대와 함께, 일부 연령대의 자녀에 대한 공제 혜택이 조정될 예정이다

배우자 공제는 결혼한 부부 중 소득이 낮은 배우자를 둔 가정에 대해 소득세를 감면해주는 제도이다. 2024년 현재, 소득이 일정 수준 이하인 배우자가 있는 경우 가정의 소득세에서 최대 380,000엔의 공제를 받을 수 있다. 이는 특히 한 명의 소득으로 가정을 꾸려나가는 가정에 큰 도움이 되며, 결혼을 장려하는 효과도 보이고 있다. 2024년부터 이 공제는 소득 요건과 공제 한도에 일부 변경이 있을 예정이며, 이는 가정의 재정적 안정성을 높이고 더 많은 부부가 혜택을 받을 수 있도록 하기 위한 조치로 해석된다.[114]

중국

중국은 한때 세계에서 가장 엄격한 인구 통제 정책 중 하나인 '일자녀 정책'을 시행했던 국가로, 이 정책은 인구 과잉 문제를 해결하기 위해 1979년에 도입되었다. 당시 한 자녀 이상을 가진 부모에게는 벌금이 부과되었으며, 이는 엄밀히 말해 세금이라기보다는 경제적 제재에

가까운 조치였다. 이 제도는 2015년에 공식적으로 종료되었지만, 그동안 많은 중국 가정이 벌금 형태의 경제적 제재를 받았다.

중국 정부는 1970년대 말 인구 과잉 문제를 해결하기 위해 강력한 인구 통제 정책을 도입했다. 이 정책의 핵심은 한 가정당 한 명의 자녀만 가질 수 있도록 강제하는 것이었다. 규정을 어길 경우, 부모는 소득의 일부를 벌금으로 납부해야 했으며, 이는 지역에 따라 상이했지만, 일부 지역에서는 가정 경제에 상당한 부담을 주는 수준이었다. 이와 함께, 공공 서비스 접근 제한, 직장 내 승진 기회 박탈 등 사회적 제재도 함께 적용되었다.

2015년, 중국 정부는 급격한 인구 고령화와 노동력 감소 문제에 직면하면서 일자녀 정책을 공식적으로 종료하고, 두 자녀 정책을 도입했다. 이후 2021년에는 세 자녀까지 허용하는 정책으로 전환되었다. 현재 중국 정부는 출산 장려 정책을 도입하고 있으며, 과거와는 대조적으로 다자녀 가정에 대한 경제적 지원과 혜택을 제공하고 있다.

예를 들어, 일부 지방 정부는 출산 장려금을 지급하고 있으며, 주택 구입 시 세금 감면, 보육비 지원 등의 혜택을 제공하고 있다. 또한, 중국의 주요 도시에서는 자녀를 많이 둔 가정에 대해 교육비 지원 확대, 장기 육아 휴직 제도 도입 등 다양한 형태의 지원 정책이 시행되고 있다.

그러나 이러한 변화에도 불구하고, 중국의 출산율은 여전히 낮은 수준에 머물러 있다. 많은 젊은 부부들은 높은 생활비, 주택 가격, 교육비 등의 경제적 부담과 일–가정 양립의 어려움으로 인해 자녀를 낳는 것을 주저하고 있다. 따라서 중국 정부는 출산율을 높이기 위해 더욱 포괄적이고 지속 가능한 정책을 마련해야 할 필요가 있다.

결론적으로, 중국의 인구 정책은 과거의 엄격한 통제에서 현재의 출산 장려로 전환되었지만, 그 효과를 극대화하기 위해서는 경제적 지원뿐만 아니라 사회 전반에 걸친 제도적 개선이 필요하다. 이러한 변화는 중국 사회가 직면한 인구 구조의 변화를 관리하고, 장기적인 경제 성장을 도모하기 위한 중요한 과제가 되고 있다.

싱가포르

− 간접적 싱글세 정책(WMCR: 'Working Mother's Child Relief')−

싱가포르는 급격한 출산율 감소에 대응하기 위해 다양한 정책을 도입해 왔다. 이 중 하나는 싱글세를 직접 부과하지는 않지만, 결혼한 부부에게는 다양한 세금 감면 혜택을 제공하고 미혼자에게는 이러한 혜택을 부여하지 않음으로써 결혼을 유도하는 간접적인 경제적 압박을 가하는 방식이다. WMCR은 자녀가 있는 싱가포르 국적의 직장 여성들에게 소득세 감면 혜택을 제공하는 정책이다.

싱가포르는 결혼한 부부에게 다양한 세금 감면 혜택을 제공하여 결혼과 출산을 장려하고 있다. 대표적으로 WMCR이 있다. 이 혜택은 일하는 어머니가 자녀를 가질 경우 소득세에서 큰 폭의 감면을 받을 수 있도록 설계되어 있다. 또한, WMCR를 통해 여성들이 출산 후에도 경제적 부담 없이 가정과 직장을 병행할 수 있도록 지원한다. 이러한 혜택은 결혼과 자녀 출산을 경제적으로 매력적인 선택으로 만들기 위한 전략이다.

이 혜택은 자녀의 수에 따라 차등 적용되며, 2024년부터는 기존의 소득 비율 기반 감면 방식에서 고정 금액 감면 방식으로 변경된다. 이에 따라 첫 번째 자녀는 연간 8,000 싱가포르 달러, 두 번째 자녀는 10,000 싱가포르 달러, 세 번째 자녀 이후부터는 12,000 싱가포르 달러의 감면 혜택을 받을 수 있다.

반면, 미혼자들은 이러한 세금 혜택을 누릴 수 없기 때문에 상대적으로 더 높은 세금을 부담하게 된다. 예를 들어, 미혼자는 주택 구매 시 결혼한 부부가 받을 수 있는 세금 감면이나 보조금을 받을 수 없다. 이는 미혼자에게 경제적 부담을 간접적으로 가하는 효과를 가져오며, 결과적으로 결혼을 장려하는 정책으로 작용한다. 이러한 접근법은 싱가포르 정부가 결혼을 사회적으로 장려하고 출산율을 높이기 위해 경제적 인센티브를 전략적으로 활용하고 있음을 보여준다.

WMCR은 싱가포르에서 출산율을 높이고, 특히 직장 여성들이 경제 활동을 지속할 수 있도록 지원하는 데 중요한 역할을 해왔다. 이 제도는 자녀를 둔 가정의 경제적 부담을 줄여주고, 더 많은 여성이 출산 후에도 직업을 유지할 수 있도록 돕는 효과를 가져왔다. 특히, WMCR은 중저소득층 가정에게 더 많은 혜택을 제공함으로써, 사회적 불평등을 완화하는 데 기여하고 있다.

싱가포르 정부의 분석에 따르면, WMCR은 여성들의 경제 활동 참여를 촉진하고 출산율을 안정적으로 유지하는 데 긍정적인 영향을 미쳤다. 또한, 2024년부터 도입되는 고정 금액 감면 방식은 더 많은 부모들에게 공평한 혜택을 제공함으로써, 자녀 양육을 경제적으로 덜 부담스러운 선택으로 만들고자 하는 정부의 의지를 반영하고

있다.[115]

홍콩

홍콩에는 저출생 문제를 직접 해결하기 위한 세금 정책이 없다. 즉 홍콩에는 싱글세와 홍콩에서는 이러한 형태의 세금 제도가 시행된 적이 없다. 세금 구조에서도 결혼 여부에 따른 큰 차별이 없다.

홍콩은 전 세계적으로 낮은 출산율을 기록하고 있지만, 이에 대응하기 위한 명확한 세금 인센티브나 혜택은 도입하지 않았다. 대신 주거 지원이나 교육 보조와 같은 사회적 프로그램이 일부 가정의 경제적 부담을 완화하는 데 초점을 맞추고 있다.홍콩의 세금 제도는 주로 소득세와 부동산세로 구성되어 있으며, 결혼 여부나 자녀 유무에 따라 별도로 세금을 부과하지 않는다.

이스라엘

이스라엘에는 '싱글세(Single Tax)'와 같은 제도는 도입되지 않았지만, 자녀가 없는 성인과 비교해 자녀를 둔 가정이 더 많은 세금 혜택을 받는 구조이다. 이는 간접적으로 결혼과 자녀 출산을 장려하는 효과를 보인다. 예를 들어, 자녀가 없는 성인들은 자녀가 있는 가정이 누리는 세액 공제와 혜택을 받을 수 없기 때문에, 실질적으로 자녀를 가진 가정이 더 유리한 세금 혜택을 받게 된다

또한 이스라엘은 전통적으로 가족 중심의 문화가 강하며, 정부 정

책도 이를 뒷받침하고 있다. 다자녀 가정에 대한 사회적 인식이 긍정적이고, 국가 차원에서 출산을 장려하는 분위기가 조성되어 있다. 이는 세금 혜택과 함께 이스라엘의 높은 출산율을 유지하는 주요 요인 중 하나이다.

이스라엘은 자녀를 둔 가정에 경제적 지원을 제공하기 위해 자녀 세액 공제(Child Tax Credit) 제도를 운영하고 있다. 이 제도는 자녀 수와 나이에 따라 부모의 소득세에서 일정 금액을 공제해 주는 방식으로, 특히 저소득층 가정에 큰 혜택을 제공하고 있다. 자녀가 많을수록 세액 공제 혜택이 증가해 부모의 자녀 양육 부담을 덜어주는 중요한 역할을 한다.

이스라엘의 자녀 세액 공제는 자녀 1인당 최대 1,500 이스라엘 셰켈의 세액 공제를 제공한다. 이 공제는 자녀의 나이와 가정의 경제적 상황에 따라 달라지며, 특히 저소득층 가정에게 더 큰 혜택을 주도록 설계되어 있다.

예를 들어, 2022년 기준으로 이스라엘에서 2명의 자녀를 둔 가정이 받을 수 있는 총 세액 공제는 최대 3,000 셰켈(미화 약 810달러)에 달한다. 자녀가 많아질수록 가정이 받는 세액 공제는 더욱 증가하며, 이는 다자녀 가정의 경제적 부담을 줄이는 데 큰 도움이 된다.

이스라엘 통계청(Central Bureau of Statistics)에 따르면, 2021년 기준으로 이스라엘의 가구 중 약 50%가 2명 이상의 자녀를 둔 가정이다. 이러한 다자녀 가정은 자녀 세액 공제를 통해 연평균 약 4,500 셰켈의 세금 혜택을 받았으며, 이는 가정의 경제적 안정성을 높이는 중요한 요소로 작용하고 있다

또한, 이스라엘 정부는 자녀 세액 공제를 포함한 가족 지원 정책을 통해 출산율을 유지하고 있으며, 2022년 기준 이스라엘의 합계출산율은 3명에 이르러 OECD 국가 중 가장 높은 수준을 기록하고 있다.**116**

2023년 3월 19일자 〈Jewish Pres〉의 기사 'Israel Increasing Tax Credits for Parents'를 인용한다.

"이스라엘 정부는 일요일 정례 회의에서 재무장관 베잘렐 스모트리치(Bezalel Smotrich)의 법안을 승인했다. 이 법안은 6세에서 17세 사이의 자녀를 둔 부모에게 추가적인 세액 공제를 제공하고, 일하는 아버지의 근로 수당을 일하는 어머니의 근로 수당과 동일하게 맞추는 내용을 담고 있다. 이 법안은 이제 이스라엘 의회(Knesset)에 제출되어 승인을 기다리고 있으며, 2023년 및 2024년 국가 예산의 승인 여부에 따라 2024년 초에 발효될 예정이다.

남성은 해당 연령대의 자녀 한 명당 1개의 세액 공제 포인트를 받을 자격이 있고, 여성은 2개의 세액 공제 포인트를 받을 자격이 있다 내용이다. 2023년 기준으로 세액 공제 포인트는 연간 2,820 셰켈(약 770 달러)이며, 각 포인트는 해당 자격을 가진 사람의 월 세금 부담을 235 셰켈(약 65달러) 이 줄어들 전망이다.

현재 여성이 해당 연령대의 자녀 한 명당 1개의 세액 공제 포인트를 받을 자격이 있다. 참고로 2022년에는 부모 모두 6세에서 12세 사이의 자녀 한 명당 추가적인 세액 공제 포인트를 받을 수 있었다. 2023년부터 아버지의 근로 수당은 어머니의 근로 수당과 동일하게 조정될 예정입니다."

한국

정부가 저출생 문제를 해결하기 위해 보다 구체적이고 체계적인 재원 마련 방안을 추진하고 있다. 최근 대통령 직속 저출산고령사회위원회는 저출생 대책의 실효성을 높이기 위해 약 10조원 규모의 특별회계를 신설할 계획을 발표했다. 이 특별회계는 주택도시기금과 지방교육재정교부금 등에서 재원을 확보해 운영될 예정이다.

주택도시기금은 저출생 문제 해결을 위한 주요 재원 중 하나로 활용될 예정이다. 이 기금은 주로 주택 공급 및 도시 개발을 지원하는데 사용되지만, 정부는 이 기금의 일부를 저출생 문제 해결을 위한 주거 지원에 투입할 계획이다. 이를 통해 젊은 부부나 신혼부부들에게 주거 지원을 확대하고, 경제적 부담을 덜어줘 출산을 장려하는 것을 목표로 하고 있다. 특히, 저소득층 가정이나 주택 마련에 어려움을 겪는 가정에게 우선적으로 지원이 이루어질 예정이다.

지방교육재정교부금은 각 지방자치단체에 배분되어 교육과 관련된 다양한 지원에 사용된다. 저출산고령사회위원회는 이 교부금의 일부를 저출생 문제 해결을 위한 돌봄 및 교육 지원에 활용할 계획이다. 특히, 어린이집과 유치원 등 돌봄 시설 확충과 질적 개선에 재원이 집중될 예정이다. 이를 통해 맞벌이 부부가 안심하고 자녀를 양육할 수 있는 환경을 조성함으로써, 출산율 제고에 기여하고자 한다.

2024년 특별회계 신설은 분산된 예산을 통합하여 운영함으로써, 재정의 효율성을 극대화하고자 하는 정부의 전략적 접근이다. 현재 저출생 관련 예산은 보건복지부, 고용노동부 등 7개 부처와 지방자치단체에 흩어져 있으며, 이로 인해 사업의 중복과 예산의 비효율적인 사용이 문제로 지적되어 왔다. 정부는 이러한 문제를 해결하기 위해 특별회계를 통해 재원을 집중 관리하고, 실효성 있는 정책에 자금을 투입할 계획이다.

저출생 문제 해결을 위한 10조원 특별회계 신설 추진

저출생 문제의 심각성을 해결하기 위해 대통령 직속 저출산고령사회위원회가 10조원 규모의 저출생 대책 특별회계를 신설하는 방안을 추진하고 있다. 이번 특별회계 신설은 저출생 대책 예산을 통합하고, 효과가 검증된 정책에 재원을 집중시키기 위한 목적으로 마련되었다. 이는 분산된 예산을 하나로 모아 재정 운영의 효율성을 극대화하려는 시도로 해석된다.

저출산고령사회위원회는 현재 7개 정부 부처와 지방자치단체로 분산된 저출생 관련 예산을 하나로 통합해, 육아와 출산 장려를 위한 집중적인 지원을 계획하고 있다. 지난해 우리나라의 저출생 관련 예산은 총 47조5000억원에 달했지만, 이 중 순수 저출생 대책에 쓰인 예산은 26조1000억원에 불과했다. 이는 국내총생산(GDP)의 1.5% 수준으로, 경제협력개발기구(OECD) 평균인 2.1%에 크게 못 미치는 수준이다.

특히, 예산이 돌봄과 교육(13조1000억원) 또는 아동수당과 같은 양육비 경감(7조원) 등에 치중되어 있는 반면, 선진국에서 효과가 검증된 일-가정 양립 지원 예산은 2조원에 불과해, 출산율 제고 효과가 미흡하다는 지적이 많았다.

이번 특별회계는 고용보험기금에서 육아휴직 수당 예산, 주택도시기금에서 저출생 주거지원 예산, 지방교육재정교부금에서 돌봄지원 예산 등을 떼어내어 통합하는 방식으로 구성될 예정이다. 추가적으로 다른 재원을 보태어 약 10조원 규모의 특별회계를 조성하는 방안이 검토 중이다. 이는 특정 재원을 정해진 사업에만 사용할 수 있도록 하여, 재정 운영의 안정성과 효율성을 높이는 역할을 할 것으로 기대된다.

이번 특별회계 신설은 저출생 문제를 해결하기 위한 보다 체계적이고 집중적인 접근을 가능하게 할 것으로 보인다. 저출산고령사회위원회는 다음달 윤석열 대통령에게 저출생 종합대책을 보고할 예정이며, 이에 따라 특별회계 신설이 본격적으로 추진될 것으로 예상된다.

그러나 이러한 예산 통합이 실제로 저출생 문제 해결에 얼마나 효과적일지에 대해서는 지속적인 모니터링과 평가가 필요하다. 또한, 예산 집행 과정에서의 투명성과 각 부처 간의 협력이 필수적이며, 특히 중복된 사업을 줄이고 실제로 효과가 있는 정책에 재원을 집중하는 것이 중요하다.

정부는 이번 특별회계를 통해 출산율을 높이고 저출생 문제를 해결하기 위한 강력한 정책적 도구를 마련할 것으로 보인다. 다만, 실질적인 성과를 거두기 위해서는 국민의 신뢰를 얻을 수 있는 투명한 재정 운영과 함께, 지속적인 정책 보완이 필요할 것이다.(〈한경〉 2024.05.30. 참조)

정부는 주택기금과 교부금뿐만 아니라, 고용보험기금 등 다른 재정

자원을 통해서도 재원을 마련할 방안을 검토 중이다. 그러나 이러한 재원 마련이 실제로 출산율 제고에 얼마나 기여할지는 향후 정책 실행과 모니터링에 달려 있다.

5. 가장 중요한 것은 정책의 지속성

저출생 문제는 단기간에 해결할 수 없는 복합적인 사회 문제로, 효과적인 해결을 위해서는 장기적인 정책의 지속성이 필수적이다. 왜냐하면 저출생 문제를 해결하는 데 있어 정책의 효과는 시간이 지나면서 점진적으로 나타나기 때문이다. 예를 들어, 유아교육 및 돌봄(ECEC) 정책은 아동의 발달과 부모의 경제활동 참여에 긍정적인 영향을 미치지만, 이러한 효과가 출생률에 반영되기까지는 상당 시간이 필요하다. 출산과 가족에 대한 사회적 인식을 변화시키는 것 역시 마찬가지이다. 단기적인 캠페인이나 정책으로는 근본적인 변화를 이루기 어려우며, 지속적인 교육과 정책적 지원이 필요하다.

저출생 문제를 해결하기 위해서는 정책의 지속성과 일관성이 필수적이다. 성공적인 사례들은 장기적인 정책 운영과 사회적 합의를 바탕으로 출생률을 안정적으로 유지하고 있으며, 반대로 정책의 지속성이 부족한 경우에는 기대한 성과를 얻기 어렵다.

정권 교체나 경제 상황 변화에도 불구하고, 저출생 문제 해결을 위한 정책이 일관되게 유지될 수 있도록 사회적 합의를 형성해야 한다.

장기적인 재정적 투자가 필요하다. 이를 위해 정부는 정책에 대한 안정적인 재원을 확보하고, 경제 상황에 따라 정책이 흔들리지 않도록 해야 한다.

출산과 가족에 대한 사회적 인식을 지속적으로 개선하기 위한 캠페인을 장기적으로 운영하여, 저출생 문제를 근본적으로 해결할 수 있도록 해야 한다.

정책이 시행되는 동안 지속적으로 모니터링하고, 피드백을 반영하여 정책을 개선해 나가는 것이 중요하다. 이를 통해 정책의 효과를 극대화할 수 있다.

저출생 위기 극복, 해결책은 분명 있다

– 길이 없다면 만들라 –

인류의 역사는 언제나 위기와 극복의 연속이었다. 전염병, 전쟁, 경제 붕괴 등 수많은 도전에 직면했지만, 그때마다 인류는 새로운 길을 찾아 나섰다. 현재 우리가 마주한 저출생 위기 또한 예외가 아니다. 이 위기를 극복하기 위해서는 협력과 새로운 접근이 필요하다.

예컨대 14세기 흑사병은 유럽 인구의 3분의 1을 앗아갔지만, 인류는 의료 기술을 발전시키고 위생 환경을 개선하며 생존의 길을 찾아냈다. 20세기의 대공황과 제2차 세계대전의 상처 속에서도, 인류는 평화와 복지를 향한 새로운 질서를 구축했다. 우리가 직면한 저출생 문제 역시 비상구가 있을 것이다.

많은 나라들이 저마다의 방식으로 저출생 위기를 극복하려 노력하고 있다. 대한민국 역시 예외는 아니다. 저출생 문제는 단일 기관이나 조직의 노력만으로는 해결하기 어렵다. 해외 사례에서 확인할 수 있듯이 이 문제를 해결하기 위해서는 정부, 기업, 그리고 교회의 연대와 협력이 필요하다.

즉 정부는 출산과 육아에 대한 제도적 지원을 강화하고, 더 안정적인 육아 환경을 조성하는 정책을 시행해야 한다. 기업은 직원들이 자녀를 양육하면서도 커리어를 지속할 수 있도록 유연한 근무 환경과 지원책을 마련해야 한다. 그리고 교회는 유휴시설을 돌봄센터로 사용할 수 있어야 한다. 또한 동시에 청년들이 결혼과 출산을 긍정적으로 받아들일 수 있는 메시지를 전파해야 한다. 특히 교회를 포함한 종교 시설은 돌봄 네트워크에서 중심적인 역할을 할 수 있다.

현재로서는 저출생 문제에 대한 완벽한 해결책은 없다. 역사적으로도 모든 위기의 해결책이 단번에 나타난 적은 흔치 않다. 그러나 마치 한 방울의 물이 모여 시내가 되고, 강이 되어 마침내 바다로 흘러가듯, 우리 사회의 한 사람 한 사람의 관심과 작은 실천이 모일 때 분명히 해결의 길이 열릴 것이다. 우리 모두가 저출생 문제를 자신의 문제로 인식하고 한마음으로 한 길을 가길 바란다.

『CTS 기독교 TV25년사』. (서울: CTS, 2020).

"저출산과 교회 캠페인 특집기사(감경철 회장 인터뷰)". 「교회성장」 7 (2023).

기엔 마우로. 『멀티제너레이션, 대전환의 시작』. 이충호 역. 서울: 리더스북, 2023.

마스다 히로야. 『일본이 흔들린다. 인구감소로 연쇄 붕괴하는 도시와 지방의 생존 전략』. 서울: 와이즈베리출판, 2015.

뮈르달, 알바., 뮈르달, 군나르. 『인구 위기. 스웨덴 출산율 대반전을 이끈 뮈르달 부부의 인구문제 해법』. 서울: 문예출판사, 2023.

전영수. 『인구 감소, 부의 대전환. 인구경제학이 찾아낸 미래 비즈니스 모델 총정리』. 서울: 21세기북스, 2024.

코리아다이나미즘포럼(편저). 『대한민국, 넥스트 레벨. 정치·사회·문화·경제 최고 전문가 12인의 국가 성장을 위한 제언』. 서울: 21세기북스, 2023.

한국일보 창간기획팀. 『절반 세대가 온다 인구. 절반의 세대가 몰고 올 충격을 해부하다』. 서울: 현암사, 2024.

해외 논문과 기사

Cho Kyung Ae (2021). Korea's low birth rate issue and policy directions. 여성건강간호학회지, 27(1), 6-9.

Kohei Asao, Danila Smirnov, and TengTeng Xu(2024), Japan's Fertility: More Children Please. International Monetary Fund, 2024.

Fredriksson M. (2024). Universal health coverage and equal access in Sweden: a century-long perspective on macro-level policy. International journal for equity in health, 23(1), 111. https://doi.org/10.1186/s12939-024-02193-5

Nakamura, A., & Matsuda, S. (2022). "Japan's Declining Birthrate: Economic and Social Implications". Journal of Population Studies 38(1), 45–68.

Poh Lin Tan (2020). Reversing Demographic Decline. Finance & Development, 0057(001), A004. Retrieved Sep 28, 2024, from https://doi.org/10.5089/9781513528830.022.A004

Zgirski, Sebastian Dominic (2020). "The Eastern European Fertility Crisis". Anthropology Department Scholars Week. 3.

Kim Seungmin (2019). "A Study on the Determinants of Childbirth in Primary Local Government Districts in South Korean 'Do' Metro Provinces". MPA/MPP/MPFM Capstone Projects. 328. https://uknowledge.uky.edu/mpampp_etds/328

Suzuki, T. (2023). "Low Fertility in Japan: Trends, Causes, and Policy Responses". Population and Development Review. 49(2), 225–248.

Wang, X., Oussalah, M., Niemelä, M. et al. Mapping Insights from News Articles to Tackle Low Birth Rate and Parenthood in Finland. SN COMPUT. SCI. 5, 172 (2024). https://doi.org/10.1007/s42979-023-02492-8

Yasuo Takao (2024). "Understanding fertility policy through a process–oriented approach: the case of Japan's decline in births", Journal of Population Research, Springer, vol. 41(2), 1–27. DOI: 10.1007/s12546-024-09333-2

본서에 언급된 국가들의 합계출산율(TFR)

국가	2010년	2015년	2020년	2024년(추정)
대한민국	1.23	1.24	0.84	0.70
캐나다	1.63	1.59	1.47	1.47
미국	1.93	1.84	1.64	1.64
스웨덴	1.98	1.85	1.66	1.64
핀란드	1.87	1.71	1.37	1.35
노르웨이	1.88	1.72	1.54	1.55
덴마크	1.87	1.71	1.67	1.68
헝가리	1.25	1.44	1.55	1.51
네덜란드	1.79	1.66	1.57	1.60
영국	1.92	1.80	1.63	1.60
프랑스	2.00	1.96	1.84	1.82
독일	1.39	1.50	1.54	1.57
이탈리아	1.46	1.34	1.27	1.23
러시아	1.54	1.78	1.50	1.40
루마니아	1.38	1.59	1.80	1.65
중국	1.63	1.60	1.30	1.08
일본	1.37	1.45	1.34	1.25
싱가포르	1.15	1.24	1.10	1.04
홍콩	1.15	1.20	0.87	0.78
이스라엘	3.03	3.11	3.02	2.90

OECD, Worldometer 데이터를 기반으로 작성

각국의 인구 현황

국가	2010년 인구(백만)	2015년 인구(백만)	2020년 인구(백만)	2024년 인구 (백만 추정)
대한민국	50.0	51.0	51.8	49.9
캐나다	34.1	35.9	38.0	40.0
미국	309.3	321.4	331.0	336.5
스웨덴	9.4	9.8	10.3	10.6
핀란드	5.4	5.5	5.5	5.6
노르웨이	4.9	5.2	5.4	5.5
덴마크	5.5	5.7	5.8	5.9
헝가리	101.0	9.9	9.6	9.6
네덜란드	16.6	16.9	17.4	17.8
영국	62.8	65.1	67.1	69.0
프랑스	63.0	66.3	67.4	68.0
독일	81.8	81.2	83.2	83.2
이탈리아	60.3	60.8	59.5	58.9
러시아	143.5	146.3	144.1	144.6
루마니아	20.1	19.9	19.3	18.9
중국	1,341.0	1,374.6	1,412.0	1,412.6
일본	128.1	127.0	126.2	122.1
싱가포르	5.1	5.5	5.7	5.9
홍콩	7.1	7.3	7.5	7.4
이스라엘	7.6	8.5	9.2	10.1

OECD, Worldometer 데이터를 기반으로 작성

1 https://www150.statcan.gc.ca/n1/daily-quotidien/240619/dq240619a-eng.htm

2 https://www.canada.ca/en/services/benefits/ei/ei-maternity-parental.html

3 https://www.canada.ca/en/services/child-family/childcare.html

4 '조용한 혁명(La Révolution tranquille)'은 1960년대 퀘벡에서 일어난 사회적, 정치적, 문화적 변화를 일컫는 용어로, 퀘벡이 전통적인 가톨릭교회와 보수적인 정치체제로부터 세속화, 사회민주주의로 급격히 전환된 시기를 말한다. 이 혁명은 폭력 없이 이루어진 평화로운 개혁이었기에 "조용한 혁명"이라는 이름이 붙었다. 조용한 혁명은 퀘벡의 정체성을 재정립하는 중요한 전환점이 되었고, 이후 퀘벡은 캐나다 내에서 자치와 독립성을 강조하는 정체성을 유지하며 독자적인 정책을 펼치고 있다.

5 https://www.rqap.gouv.qc.ca

6 https://www.scotiabank.com/careers/en/careers/why-scotiabank.html

7 https://www.softchoice.com/

8 https://www.cbc.ca/news/canada/churches-daycares-partnership

9 https://www.census.gov

10 https://www.dol.gov/agencies/whd/fmla

11 아메리칸 레스큐 플랜(American Rescue Plan)은 2021년 3월에 조 바이든 대통령이 서명한 미국의 대규모 경제 부양책으로, COVID-19 팬데믹으로 인한 경제적 피해를 완화하고 회복을 지원하기 위해 제정되었다.

12 https://www.whitehouse.gov/american-rescue-plan/

13 환급 가능 세액 공제(Refundable Tax Credit)는 납세자가 부담해야 할 세금이 없거나, 세액 공제를 받은 후에도 세금이 남지 않을 경우 차액을 환급받을 수 있는 세금 공제이다. 즉, 납세자가 세금을 전혀 내지 않더라도 공제액이 환급되기 때문에 저소득층에게 매우 유리한 제도이다.

14 연방 빈곤선(FPL, Federal Poverty Level)은 미국 연방 정부가 매년 발표하는 최저 소득 기준으로, 가구의 소득 수준에 따라 정부의 다양한 복지 프로그램 자격을 판단하는 기준으로 사용된다.

15 https://www.hud.gov/program_offices/public_indian_housing/programs/hcv/about

16 https://fortune.com/

17 https://www.nytimes.com/

18 https://www.scb.se/en/finding-statistics/statistics-by-subject-area/population/population-composition/population-statistics/

19 ⟨Nordics.info⟩ 2024.02.21. 기사 "Childcare Infrastructure in the Nordic Countries"

20 https://blog.naver.com/jinboparty2020/223123236481

21 핀란드 통계청 https://stat.fi/en/publication/cl7sveknr1avx0dw0iktr03nk

22 ⟨헬싱키타임스)2024.09.10. https://www.helsinkitimes.fi/

23 https://www.helsinkitimes.fi/finland/finland-news/domestic/24653-finland-boosts-child-benefits-in-2024-enhanced-support-for-larger-families-and-single-parents.html

24 https://www.foreignersinfinland.fi/post/everyone-s-welcome-to-the-open-daycare-center

25 Nordic Council of Ministers - Gender Equality and Work-life Balance Policies

26 https://childcarecanada.org/documents/research-policy-practice/20/01/norway-early-childhood-education-and-care-policy-review

27 ibid.

28 Norwegian Labour and Welfare Administration (NAV) Reportshttps://cne.news/article/2552-church-nursery-norway-exempted-from-strict-kindergarten-act

29 https://cne.news/article/2720-appreciation-for-christian-kindergartens-in-norway

30 ibid.

31 https://eurydice.eacea.ec.europa.eu/national-education-systems/denmark/national-reforms-early-childhood-education-and-care

32 https://ec.europa.eu/eurostat/web/products-key-figures/w/key-figures-on-europe-2024-edition

33 https://lifeindenmark.borger.dk/working/work-rights/leave-of-absence/

maternity-and-parental-leave

34 Early Childhood Education and Care in Denmark: A Social Investment Success Trine P. Larsen, Caroline de la Porte https://doi.org/10.1093/oso/9780192856296.003.0004 Pages 66 - 87

35 https://eurydice.eacea.ec.europa.eu/national-education-systems/denmark/national-reforms-early-childhood-education-and-care

36 https://academic.oup.com/book/44441

37 https://www.norden.org/en/publication/early-childhood-education-and-care-investment-future

38 OECD (2022). "Denmark: Early Childhood Education and Care Review."

39 Ploug, N. (2020). "The Danish Welfare State and Its Impact on Education Policy."

40 Anderson, P. (2019). "Religion and Education in Denmark: Historical Perspectives."

41 Ministry of Children and Education, Denmark (2023). "Early Childhood Education and Care in Denmark."

42 ibid.

43 ibid.

44 https://statisticstimes.com/demographics/country/hungary-population.php#google_vignette

45 ibid.

46 2015년 Family Housing Allowance Program" (CSOK)

47 https://interrelo.com/brief-overview-of-hungarian-housing-market-2023/

48 https://eurydice.eacea.ec.europa.eu/national-education-systems/hungary/organisation-centre-based-ecec

49 https://www.koppmariaintezet.hu/en/allarticles/416-all-hungarian-children-are-a-treasure-may-they-be-born-anywhere-in-the-world

50 https://hungarytoday.hu/baby-bond-helps-set-up-young-hungarians-for-life/

51 https://www.budapesttimes.hu/hungary/state-secretary-prenatal-baby-support-loan-extended-until-end-2024/

52 https://hungarymatters.hu/2019/07/08/more-than-2500-big-families-apply-for-car-subsidies/

미주 | **349**

53 https://www.schoenherr.eu/content/navigating−changes−key−changes−in−labour−and−immigration−law−in−2023−in−hungary

54 https://globalnews.lockton.com/hungary−expands−family−leave−entitlements/

55 https://eige.europa.eu/publications−resources/publications/who−eligible−parental−leave−hungary?language_content_entity=en

56 https://eurydice.eacea.ec.europa.eu/national−education−systems/hungary/organisation−centre−based−ecec

57 Hungarian Ministry of Human Capacities (2022). "Early Childhood Education and Care in Hungary."

58 Hungarian Reformed Church Kindergarten Association (2023). "Overview of Reformed Church Kindergartens in Hungary."

59 https://link.springer.com/chapter/10.1007/978−3−319−21482−5_9

60 https://nltimes.nl/2023/09/19/2024−dutch−budget−nutshell−eu4336−billion−spending−tax−increases

61 https://netherlandsexpat.nl/maternity−leave−in−the−netherlands/

62 ibid.

63 https://www.uwv.nl/en/employers/maternity−and−parental−leave/about−paid−parental−leave

64 https://www.iamsterdam.com/en/live−work−study/living/changes−in−rules−and−regulations−in−the−netherlands−for−2024

65 https://www.shareable.net/dutch−nursing−home−offers−rent−free−housing−to−students/https://www.housinglin.org.uk/blogs/Communal−and−intergenerational−living−in−the−Netherlands−and−Denmark/

66 https://www.euronews.com/next/2023/03/01/money−is−putting−off−under−35s−in−the−uk−from−having−kids−how−do−child−benefits−compare−in

67 https://link.springer.com/article/10.1007/s00148−010−0332−x

68 https://www.ft.com/content/bd3d01b3−32a7−45d0−b06b−42e8eef70cfb

69 https://www.mdpi.com/2071−1050/14/7/3815

70 https://www.nb−ecec.org/en/articles/article−1707225209.0147793

71 https://www.tuc.org.uk/research−analysis/reports/new−deal−childcare−sector

72 "Allocations Familiales: Les Prestations," Caisse d'Allocations Familiales (CAF),

2024.

73 PreParE (Prestation Partagée d'Education de l'Enfant)," Caisse d'Allocations Familiales (CAF), 2024.

74 https://academic.oup.com/lawfam/article-abstract/20/2/133/920618?login=false

75 "Le quotient familial," Service Public, 2024.

76 France's Ministry of Housing and Territorial Equality, "Les aides au logement en France," 2024.

77 https://aleteia.org/2023/12/09/this-beautiful-creche-is-spreading-in-france-and-beyond

78 https://runenfance.fr/inscriptions-creches/

79 https://www.habitat-humanisme.org/maison-saint-charles/

80 https://ecolesaintemarie.fr/presentation.html

81 The Impact of Family Policies on Fertility Trends in Developed Countries(2013.07.19. 저널)

82 https://iclg.com/practice-areas/family-laws-and-regulations/france

83 Statistisches Bundesam.

84 ibid.

85 ibid.

86 Bundesministerium für Bildung und Forschung (독일 교육부)

87 DJI (Deutsches Jugendinstitut): "The German ECEC System — Overview and Challenges in 2024"

88 https://www.eduserver.de/pre-school-in-germany-early-education-4459-en.html

89 www.ekd.de

90 https://worldpopulationreview.com/countries/italy

91 https://genus.springeropen.com/articles/10.1186/s41118-023-00193-x

92 ibid.

93 ibid.

94 https://www.thelocal.it/20200612/what-you-need-to-know-about-italys-new-family-act

95 https://eurydice.eacea.ec.europa.eu/national-education-systems/italy/national-reforms-early-childhood-education-and-care

96 https://link.springer.com/chapter/10.1057/9781137441980_4

97 https://corrieredibologna.corriere.it/bologna/cronaca/18_gennaio_12/materne-iscrizionicon-nuovi-criterie-savena-cresce-b665c97a-f76e-11e7-a411-578ea364e341.shtml

98 https://www.facebook.com/mariaimmacolata.official?__tn__=-UC*F

99 Nikkei Asian Review

100 https://www.japantimes.co.jp/

101 Understanding fertility policy through a process-oriented approach-Yasuo Takao-

102 https://www.jil.go.jp/english/estatis/esaikin/2023/e202303.html

103 https://www.japanfs.org/en/news/archives/news_id035752.html

104 South China Morning Post

105 National Population and Talent Division, Prime Minister's Office (2024)

106 Inland Revenue Authority of Singapore (IRAS), "Working Mother's Child Relief,"

107 https://www.mom.gov.sg

108 https://www.msf.gov.sg, https://www.straitstimes.com

109 https://www.smartnation.gov.sg

110 The Straits Times, "How Singapore's Anchor Operator Scheme is Supporting Working Parents

111 Ministry of Social and Family Development Singapore, "Government Support for Childcare

112 IRS, "Married Filing Jointly vs. Separately" https://www.irs.gov Tax Foundation, "Federal Income Tax Brackets and Rates for 2023"

113 Canada Revenue Agency (CRA), "Canada Child Benefit (CCB) Overview"

114 EY Japan, 2024 일본 세제 개혁 요약/PwC Worldwide Tax Summaries

115 Guide To The Working Mother's Child Relief (WMCR) For Mothers In The Workforce (2024)

116 Central Bureau of Statistics, Israel/OECD Family Database